다 읽어도 남은 편지

시월 최영호 시집

오늘의문학사

국립중앙도서관 출판시도서목록(CIP)

다 읽어도 남은 편지 : 최영호 시집 / 지은이: 최영호. --
대전 : 오늘의문학사, 2016
    p. ;   cm

ISBN 978-89-5669-734-5 03810 : ₩12000

한국 현대시[韓國 現代詩]

811.7-KDC6
895.715-DDC23   CIP2016001190

다 읽어도 남은 편지

■ 서시

쫓는 이 없이 조급한 그림자가 무겁고
일월日月이 갈수록 단잠이 줄어 걱정입니다.

빈 까치집 하나 끌어안고 서 있는 미루나무
피할 수 없는 바람이 가슴을 훑고 지나갑니다
채우지 못한 초승달이 나뭇가지에서 떱니다

매일 걸어가야 될 아무도 가지 않은 눈길
날이 저물어도 끝나지 않는 거친 여행입니다
알 것 같은데 끝내 모를 인생입니다

그대가 서 있는 곳이 꽃밭이었습니다
그대와 함께 있음이 행복이었습니다
소복소복 내리는 함박눈을 밟으며
이 길 끝까지 그대와 같이 가고 싶습니다

밤새도록 다 읽어도 남은 편지가 태산
애면글면 향그런 꽃다발 하나 만들어
곁에 두고 그대와 함께 바라보고 싶었습니다

가난한 목자를 사랑한 베로니카를 위하여
미력한 내 영혼의 소성蘇醒을 위하여!

‖ 차례 ‖

| 서시 …………………………………… 4

 그리움이 타는 날

상사화 편지 ………………………… 11
꽃 편지 ……………………………… 12
산새 ………………………………… 14
우화(羽化)의 꿈 …………………… 15
산문 밖 이별 ……………………… 16
당신이 있어 행복합니다 ………… 18
섬 …………………………………… 20
쑥 …………………………………… 22
임진강에서 ………………………… 24
할미꽃 ……………………………… 26
장맛비 ……………………………… 27
눈물 나는 사람 …………………… 28
귓구멍이 슬프다 ………………… 29
추억 ………………………………… 30
백일홍 ……………………………… 31
단풍놀이 …………………………… 32
차마 잊힐리야 …………………… 34
이사 온 여자 ……………………… 36
사랑이여! ………………………… 37
초설(初雪) ………………………… 38

제2부 수묵화를 그리다

말 사면 종 두고 싶다 ·················· 41
수묵화를 그리다 ···················· 42
개똥벌레 ························ 44
견딜 수 있을 만큼 슬퍼서 좋다 ············ 46
떨어진 꽃잎 ······················ 47
은사시나무 ······················ 48
천서초등학교 ····················· 49
병상의 정화 ······················ 50
이끼도 꽃을 피우고 ·················· 51
당최 모르겠네 ···················· 52
미수(米壽) ······················ 54
뜨거운 파도가 인다 ·················· 55
햇살이 보약이다 ··················· 56
꽃 한 송이로 ····················· 58
시를 쓰는 새 ····················· 60
소라껍질의 향수 ··················· 61
내 속에 바다가 있다 ················· 62
자화상 ························ 63
감악산 추상 ····················· 64
소만(小滿) ······················ 66
매화타령 ······················· 68
개똥참외 ······················· 69
금강을 흘러보라 ··················· 70
달맞이 꽃 ······················· 72
실향(失鄕) ······················ 73

제3부 더 저물기 전에

뒤통수 ·· 77
파묘(破墓) ·· 78
조롱박을 키우며 ································ 80
슬픔 한 덩이 ······································ 81
고향 떠나오던 날 ······························ 82
고향길 ·· 83
소국(小菊)을 보며 ····························· 84
밥 ·· 86
병상의 시선 ······································· 87
이별이 가까워지는 만남 ·················· 88
더 저물기 전에 ·································· 90
범골의 봄날 ······································· 92
요양원에서 ··· 93
북극이 되는 고향 ······························ 94
어머니의 단풍놀이 ···························· 96
당숙모 ·· 98
아름다운 저녁이고 싶다 ················ 100
발설하지 못하는 슬픔 ···················· 102
너를 향한 시선 ································ 103
선물 ·· 104
추석특종 ··· 106
만월 ·· 108
첫눈 ·· 109
간이역 ·· 110
하늘 물빛 정원 ································ 111

7

제4부 사랑만 남게 하소서

풀꽃 같은 사람 ··· 115
빌려 쓴 세월이 은총입니다 ······························ 116
길 하나 끝까지 ··· 118
당신밖에 돌아갈 집이 없어 ······························ 120
화장터에서 ·· 121
부활 ·· 122
성 금요일 ··· 123
언약 ·· 124
번제(燔祭) ··· 125
염원 ·· 126
사해 ·· 128
"놔둬라" 사랑 이야기 ······································· 129
구름 위에 지은 집 ·· 132
광야의 당아새 ··· 134
사랑만 남게 하소서 ·· 135
슬픔에게 감사한다 ·· 136
애장(愛葬) ··· 138
남북 사랑 ··· 139
자막의 합성 ··· 140
두만강에서 ·· 142
눈 오던 날 ··· 144
해에게 묻는 이성 ··· 145
해망동 사람들 ··· 146
낙엽에 쓰인 편지 ··· 148
치매 ·· 150

‖해설‖ 손기영/ 시집 '다 읽어도 남은 편지'의 시 세계 ···· 151

제1부

그리움이 타는 날

국화 참새 | 52×35 최영호 |

상사화 편지

꽃그늘에 앉아 편지를 읽습니다
그 곁을 떠나던 날
이별이 아니라 격전이었던 날
아직도 피비린내 생생합니다

사랑은 전쟁이었습니다
이별은 종전인 줄 알았습니다
그런데 선전포고 같은 편지를
다시 받습니다

나도 피투성이였다고
만날 수 없지만 사랑한다고
못 잊어 매번 배달되는 편지
남 몰래 혼자 읽습니다.

꽃 편지

함께 있어도
사무치는 당신 곁에서
철마다 거듭 피는 꽃이고 싶었습니다
하늘이 잔뜩 찌푸리고
산비알에 떡갈나무 잎 우수수 떨어져도
머릿속 티끌 두 손으로 털어가며
쓸모 있는 삶이고 싶었습니다

손톱 끝에
핏물이 잡히는 더부살이에도
봄마다 꽃씨 꼭꼭 눌러 심으며
머리 위로 가로질러가는
구름 한 가닥에도 깊은 울림을 따내는
마음이고 싶었습니다
넉가래로 골목길 눈을 치우던 겨울에도
댓잎처럼 마냥 푸르고 싶었습니다

이 승 저 승
아픔 다 흙에 묻고
머언 하늘로 돌아가는 날
평생 어우러져 살던 이들에게

깨알 같은 기쁨을 남기고 싶었습니다
사시절 바람 부는 거친 꽃밭에서
당신의 탐스런 꽃이고 싶었습니다.

산새

산허리
풀잎처럼
바람에 기대어
푸른 달빛을 걷어내면
멀리 구름 한 자락
가슴에 일어

들릴 듯 말 듯
보일 듯 잡힐 듯
검은 머리 되짚어 보면
어슷한 바람벽 남루한 치장에
올올이 풀어 날리는
소리 없는 비명

망개꽃
허옇게 스러져도
퍼런 멍울 하나 삭히지 못한
작은 새 한 마리
의중 높이 떠
웃으며 운다.

우화羽化의 꿈

안대로 눈을 꽁꽁 틀어막고
불면으로 밤을 뒤척이면
머릿속에서 뽕잎 갉아먹는 소리가 난다.

거칠고 치열한 당에
유성처럼 떨어진 고통의 씨앗
몇 잠을 더 자고나야
녹슨 기억을 말끔히 닦아내고
구석구석까지 환해질 수 있을까?

울컥! 목젖을 타고 올라오는 실의
곤한 애벌레의 이마가 따끈하다

맘 하나 조용히 갈앉히면
시골 집 오줌통에도
맑고 퍼런 눈매의 초승달 하나쯤은
능히 띄울 수 있다는 걸
다섯 잠을 다 자고나서야 알 수 있을까?

푸른 잎 먹고 잠든 누에
허물 벗고 엽렵獵獵히 날아오를
한여름의 향그런 우화羽化를 꿈꾼다.

산문 밖 이별

더 이상 붙잡을 수 없는 손을 놓고
막 돌아서는 소년의 눈가에
설운 눈물이 흘렀습니다
가늘게 떨며 들썩이는 어깨 너머로
우는 듯 흐느끼는 소리가 들렸습니다
바람 소리인지, 빗소리인지
윙-윙 끊어질 듯 이어지다
얼굴에 갈겨 붙는 빗물을 삼키며
산머리 구름 한 점이 되어 가는
소년의 뒷모습을 바라보며
나는 이룰 수 없는 사랑앓이가
얼마나 가슴 아픈 일인가를 알았습니다
짝을 찾는 지빠귀소리 요란한 산길로
철-철 핏물처럼 흘러가는 황톳물 밟으며
맥없이 떠내려가던 소녀는
두 손으로 얼굴을 감싼 채
문득 떡갈나무 아래 쪼그리고 앉아
한참을 소리 내어 울었습니다
나는 누군가를 사랑하는 일이
왜 저토록 죄가 되고
끝없이 깊어지는 일일까 생각하며

울음소리 벌집처럼 엉겨 붙는 가로등 아래서
공연히 내가 멀어지는 소년이 되고
달랑 남겨지는 소녀가 되어
드세지는 빗발 속에 하염없이 젖었습니다.

당신이 있어 행복합니다

큰 웃음이 행복을 낳습니다
잘 찾아보면 웃을 일이 왜 없겠습니까
수캐미 더듬이 만 한 인생
당신과 같은 세상에 한 순간에 태어나
당신과 소중한 인연이 되어
푸른 나무와 꽃들 사이에 살아 행복합니다.

당신과 함께 꽃을 볼 수 있어 행복합니다
모란이 피고 국화꽃 질 때까지
당신과 함께 꽃향기에 감사하며
당신과 함께 한겨울을 녹이며
반딧불 만하게 반짝이는 인생
당신 하나로 가득할 수 있어 행복합니다.

당신과 함께 노을을 볼 수 있어 행복합니다
멀고 힘겨운 길, 시린 가슴 서로 헤아려
당신과 함께 슬픔을 주체하며
당신과 함께 기쁨을 포옹하며
꽃으로 피었다 별로 지는 인생
당신 하나로 따뜻할 수 있어 행복합니다.

당신과 함께 나눌 수 있어 행복합니다
조밥 수수밥 감자밥 번갈아 지어 먹고
부엉이 우는 밤, 함께 별님 달님 바라보며
텃밭에 뿌린 열무 씨 만한 인생
서로의 목숨 만으로도 감사하며
당신 하나로 늘 환할 수 있어 행복합니다.

나는 행복합니다
엷은 꽃잎으로 만난 우리 두 사람
꽃밭에 울어줄 새 한 마리 없어도
주어도주어도 모자랄 반딧불 사랑으로
내 인생, 당신이 있어 행복합니다
어여쁜 당신이 있어 아름답습니다.

섬

이제 멀어져 섬이 된 사람입니다
너무 멀어져서 보이지도 않습니다
그래도 마음은 늘 섬을 향해 있습니다.

날마다 섬이 사라진 곳으로 물길을 냅니다
언제쯤 배 한척 띄울 수 있을까요?
검은 갯바위에 앉아 하염없이 꿈을 꿉니다.

불꽃처럼 그리움이 타는 날
지친 내 앞으로 물길이 열리고
섬 하나 흘러오는 풍경을 떠 올립니다
나는 주저 없이 바닷물에 뛰어들 것입니다
일각이라도 빠른 섬과의 해후를 위해.

섬 하나 섬으로 흘러가기가
섬 하나 섬 사이로 흘러오는 것이
이렇게 어려운 세상인 줄 몰랐습니다.

오늘도 그리움이 파도처럼 이는
거친 바다에 나아가 섬을 찾습니다

바다는 너무 넓고 멀어 보이지 않습니다
마음만 늘 섬을 향해 들떠 있습니다.

비록 보이지 않는 곳에 있더라도
언제까지나 당신은 나의 그리운 섬입니다.

쑥

순박한 땅에 돋아나
달빛을 가닥가닥 걷어먹고 자랐다.

꽃보다 반가운 개똥쑥
봇도랑의 넘치는 물로 몸을 불려
허기진 보릿고개를 넘기게 했다.

엿장수 가위소리에 우르르 몰려나와
울 밑에서 군침 흘리던 참새들
파란 꿈을 주워 먹고 자라
녹슬고 구겨진 날을 펴
가을처럼 고운 달을 띄웠다.

가혹한 궤적에 그리운 얼굴들이
고속으로 나타났다 사라지는 영상 속에
고픈 입에 쑥 개떡을 입에 달고 살던
유년의 향수

밤 깊도록 그리운 얘기로 남아
가슴 부풀던 날을 도리깨질 한다.

아픔이 조용히 힘줄을 세우는 밤
부엌에서 어머니가 가마솥에 불을 지핀다.

임진강에서

강 너머 숲은 멀고 거칠다.
명멸의 흔적이 역력하다.

참혹한 역사로 갈라선 채
강물 하나로 나뉜 동포
아직도 생존이 치열한 땅엔
포탄과 함께 묻힌 씨앗들이
피투성인 채 잠자고 있다.

곳곳에 피바람이 스쳐간 후
더 이상 떨어뜨릴 눈물 없이
울어줄 목청도 없이
서로 제 살 물어뜯어 남은
지울 수도 아물 수 없는 상처.

이념의 담론은 엇갈려 끊기고
치열한 생존의 고통만 남은
노쇠한 너불대의 동토엔
살상한 혼들이 삭풍에 떠 울고
설핏한 물빛에 향촌은 멀다.

늙은 소년이 주먹을 떨며
무궁화 만발한 강토를 빌다.

할미꽃

세간사리 다 놔두고
베옷 입은 할미는 뭘 들고 갈까

다랑논에 이삭줍기
텅 빈 가슴 시린 뜻 알겠다

꽃잎 지는 햇살 어귀
쓴 맛 단 맛 알만 하니
어느 새 서산에 해가 떨어진다

마른 목으로 헛웃음 치며
"날 때부터 할미꽃인 걸
내가 잊고 산 것 뿐이지!"
마음을 다잡는다

재촉치 않아도 서둘러 가는 해
빛이 어둠으로 바뀌는 시간은
조막손으로 한 뼘이다.

장맛비

어느 질기고 모난 목숨이
저토록 힘겨웠을까?

악곡보다 선명한 슬픔이
며칠째 지상에 울음을 깔고 있다

널 잃은 철마다
가슴 깊은 곳으로 내리붓는
회색빛 선율의 난타

얼마나 더 쏟아져야 멈출 수 있을까?

무논의 개구리 목울음처럼
심연에 떨어지는 오뉴월 장맛비.

눈물 나는 사람

맛있는 것 있으면 함께 먹고 싶고
경치 좋은 곳 만나면 같이 보고 싶은
이제 이름만 떠올려도 눈물 나는 사람.

돌을 던지면 쨍그렁 깨질 것 같은
강물에 이름을 새겨놓고 가슴 조인다.

만찬에 살을 베어 떡이 되고
핏줄을 잘라 포도주가 되어주고도
더 줄 수 없어 마음 아파하는 사람.

노을이 기댄 흰 바람벽에
폭풍이 비껴가고 장미꽃이 주렁지다.

귓구멍이 슬프다

마른 체구에 삼십 단 이고 온
살진 가랑파 한 단이 오백 원
열 단을 팔아야 국밥 한 그릇이다
사 들고 오기도 미안하다.

손짓으로 부르며 사달라는 할머니
누런 잎 된 소리에 한숨이 절반이다.

봉다리에 싸온 찐 감자 몇 개로
우물우물 점심을 떼우다가
애 하나만 스쳐도 "오백 원- 오백 원-"
어둠 속의 풀벌레 소리 같다.

꼭꼭 눌러 심을 때 박속 같은 마음
땀 흘려 키우면서 새순 같은 희망
헐값에도 안 팔려 무너지는 가슴.

"새댁. 파 한 단 사 줘유
이거 팔아봤자 종자 값도 안 나와유"
점점 졸아드는 하소연에
애저녁. 귓구멍이 슬프다.

추억

풀 버러지 울음으로
가슴에 켜켜이 쌓였다가
동짓달 눈발로 퍼 붓는다

빛바랜 화폭에
코끝으로 저려오는 여진
너를 대할 때마다
나뭇잎 소리를 내며 떤다

힘겨워도 함께한 가시밭길
네 눈물까지도 사랑하마

소진 되지 않는 기억의 잔류
실바람만 불어도 살아나는
잿더미 속의 불씨.

백일홍
― 배롱나무

굴 껍데기 같은 집 뜰에
둘이서 호젓이 눈빛을 주고받더니
말매미 소리 요란한 날
왈칵 불이 붙어 타오르고 있다

얼핏얼핏 별이 보이는 밤에
연인들도 서로 손을 마주잡거니
누구랄 것 없이
어느 때라도 찾아가면
하룻밤 머물 수 있는 산방

달 아래 연정이 절로 붉었으니
군살과 군말은 다 빼고
꽃 피는 날 만큼
서로 뜨거운 사랑만 하잖다.

단풍놀이

뉘 오시기에 꽃 마중인가
남루한 땅에 띄운 웃음
만산이 꽃밭이네

푸른 옷 자랑 마시게
철들기 전에 꿰인 코뚜레
잎 질 때 풀리면
벌써 뫼로 지는 저녁 해라네

불여귀처럼 애 끓이지 말게
봄이면 꽃놀이
여름이면 물놀이
가을이면 단풍놀이
겨울이면 대숲 위에 뜬 달
꽃보다 더 곱다네

마음 비우시게
빈손으로 와 공으로 구경하고
꽃불로 가는 생애

부디, 꽃구름 되시게
댓잎 속의 향기 되시게
울음 대신 노래 부르며
가실 때 기쁘게 가시게.

차마 잊힐리야
― 정지용 생가를 들러

실개천을 끼고 도는 내리막길에
향수의 노래가 잔잔하게 흐르다.

토담 아래 선 늙은 아그배나무
바람에 꺾인 가지에도 꽃을 피워내고
물레방아 소리 들으며 광장에 들어서니
허물로 뉘인 돌다리에 질곡의 역사가 꿈틀대다
향취를 따라 한 발씩 보폭을 떼며
석양을 등지고 늘어지는 해 그림자에
황황한 시절의 불명한 임의 행방을 묻다

숨이 멎은 굴뚝과
뚜껑 덮인 우물엔 웅숭깊은 세월이 자고
자취를 쫓다 시선이 머문 곳에
허리 휜 감나무가 옹이진 팔을 들고
울 밖 너머 누군가를 기다리고 있다.

초당 안 토벽에 걸린 편액의 싯귀
"얼굴 하나야 손바닥 둘로 폭 가리지만
보고 싶은 마음 호수만하니 눈 감을 수밖에"*

굴곡의 삶에도 신 새벽을 꿈꾸던
선량의 올 곧은 뜻 놀빛에 휘황하다

상잔의 역사를 맨발로 내리밟고
건지지 못한 그리움 하나 가슴 속에 안은 채
심상心傷한 날을 접고 떠난 흔적
서슬 푸른 지조 솔잎에 서늘하다
뜰 아래 고목으로 서서
"차마 잊힐리야"* 수탉처럼 불러보다.

* 정지용의 시 "호수" "향수" 중

이사 온 여자

대학 나온 여자가 시골로 이사 왔다
농사일에 완전 젬병이라
언제, 씨 뿌리고, 거름 주고, 거두는지도 모른다
눈동냥 귀동냥으로 농사를 짓는데
밭에 농약치기와 잡초 제거를 거부하고
작물을 온갖 벌레와 산짐승들과 같이 먹고 산다.

그 여자는 작은 체구에 속이 대통이다
내일 먹을 끼니거리가 없어도 천하태평
무럭무럭 자라는 푸성귀들을 보며 항상 흐뭇하다
느긋이 해오름으로 펴고 별로 접는 삶이
뚝방의 누렁 소처럼 한가롭고
소요대 강물보다 여유롭다.

이름 모를 풀조차 친구인 그녀는 동네 별이다
박하사탕 같이 화사한 얼굴에
초승달로 뜨는 은은한 미소
퍼렇게 멍든 시래기에 날된장을 풀어먹고
흙을 만지고 살면서도 늘 청옥 같은 마음이다
검은 땅에서 반짝반짝 빛이 난다.

사랑이여!

사랑이여
너는 어찌 이토록 끈질긴 것인가
엄동의 겨울나무처럼
모든 것을 떨어내고
이처럼 앙상한 것인가.

사랑이여
너는 어찌 그토록 아득한 것인가
떡갈나무 숲으로 난 길처럼
평생을 걷고 또 걸어도
이처럼 끝이 없는 것인가.

사랑이여
너는 어찌 이렇게 못 박힌 것인가
숨소리 하나 없는 고사목처럼
부드러운 살과 피는 다 어디 가고
억센 뼈다귀만 남아
이처럼 나를 찌르는 것인가.

초설 初雪

아궁이에 불을 지펴도 시린 날
뼈가 삐걱 엇갈리는 소리에
흙으로 돌아가는 이치를 알겠다.

자작나무 사이로 달려온 바람
먼발치 다랑논에 첫눈이 내리나니
산비알에 심은 우리 사랑 얘기
바랭이 마른 밭의 붉은 능금이다.

뻐꾸기 울던 날 그리며
녹슨 목소리로 푸른 날 불러도
산 빛 별 빛으로 익은 열매는
위태한 가지 끝의 둥근 울음 달.

나 울고 너 웃던
짧은 봄, 긴 여름을 보내고
가을을 축내는 텃새의 날개깃에
여문 풀씨를 실어 날린다.

맑은 바람소리 흐르는 강가
달빛에 조급한 호흡을 뿌리며
버들가지가 새처럼 운다.

제2부

수묵화를 그리다

섬바위 | 125×61 최영호 |

말 사면 종 두고 싶다

월세 방에서 살 때에는
전세 집에서 한 번 살아봤으면 했으나
후에는 내 집에서 살아봤으면 싶었다

없는 살림 절약해서
조그만 주택을 마련했을 때는
잠이 안 오고 더 이상 소원이 없을 만큼
안 먹어도 배가 불렀는데
얼마 후에 옆에 보이는 아파트가 부러웠다

아이들이 소원하던 작은 아파트로 이사했을 때
전망 좋은 집에서 한 동안 행복했는데 살면서
아파트도 평수에 따라 급수가 있다는 걸 알고
씁쓸한 욕심을 갖게 되었다

보아도 족함이 없는 눈
밑 빠진 항아리의 채울 수 없는 욕망
결국 주머니도 없는 옷 한 벌 입고 갈 것을
말 사면 종 두고 싶단다

낡은 다라이 엎어놓은 개집 속의 누렁이는
햇볕 한 줌으로 족한 잠을 자고 있는데.

수묵화를 그리다

꽃가지 흔드는 바람이거나
능선을 넘어가는 구름이고 싶다.

채도를 잃고
식어가는 한 컷의 수묵화
남은 여백은 개념으로 쪼갤 수 없다

진자처럼 오가는 일상에
문패 석자는 서서히 닳아가고
대문 밖의 굽은 소나무 위로
졸아 뜬 초승달이 외롭다.

강물에 잠긴 고향
부유하는 꽃잎
파문에 일렁이는 추억
깊어질수록 두려워지는 사랑

시제를 통과한 음영들이
덜미를 잡고 자꾸만
찬란한 빛을 앗아가고 있다.

모듬발 선 기억들이
꼬리를 물고 되짚어 오는 밤
삐걱이는 이젤에 화판을 올려놓고
수묵화를 그린다.

개똥벌레

희망은 백골의 붉은 피
궁지에 몰려도 그대만 있으면 되네.

어쩌다 맞바람 치는 곳에서
맨 몸으로 흔들리고 있는지
작은 등불 하나 켜든 개똥벌레
철마다 꽃 지는 언덕에서 그대를 찾네.

사랑과 슬픔은 둘이 아니고
어둠과 광명도 둘이 아니네
절망의 밭에서 희망의 꽃이 피네.

꽃잎이 뚝뚝 떨어져 악공의 노래가 멎고
올려다 보이는 하늘에 드높은 별 하나 없어도
어깨에 희망을 지고 올 그대를 기다리네.

껌벅이는 등불 하나 들고
잃은 나를 깨우칠 그날을 기다리네
새 발자국 하나 없는 사막에서
풀잎 하나 가리지 못한 부끄럼으로
떠올리기만 해도 부신 그대를 기다리네.

봄 속에서 봄을 기다리며
삼백 예순 날 꽃 필 날을 꿈꾸네.

견딜 수 있을 만큼 슬퍼서 좋다

오른 손이 한 일을 왼 손이 모를 세월이다
이제나 저제나 기운이 왕성해도
아무라도 백년을 더 서 있겠는가?

반 토막 난 시간을 뒤적이다 하루가 가고
고추, 상추, 가지 모종을 심다보면 봄이 가고
처마 밑 제비 새끼쳐 나가면 한 해가 간다.

양식을 채워도 몸은 점점 가벼워가고
글을 읽어도 깊은 속은 자꾸 비어간다
까닭이야 알 듯 하나 모르고 싶다
모를 리 없어도 마냥 덮어두고 싶다.

꿈이든 현실이든, 실상이든 허상이든
별빛이든 달빛이든, 기쁨이든 슬픔이든
여기 오래 머물러만 다오.

흐린 눈을 씻고 쥘 수 없는 바람을 본다
사랑이 스쳐간 자리는 딱지도 곱다
꽃 이름만 들어도 눈물이 난다
견딜 수 있을 만큼 슬퍼서 좋다.

떨어진 꽃잎

산길을 가다 꽃만 보아도
그대 생각이 납니다
꺾지 않아도 유동流動하는 향기에
속박 없이 매이고
쓰지 않아도 새겨진 기억이
구름처럼 떠오릅니다.

꽃 진 자리의
식지 않은 눈물을 닦으면
멀어질수록 가까워지고
가까워질수록 가슴 아픈 당신이
졸아드는 가을볕에
미소 같은 방향芳香으로 젖습니다.

하냥 바람에 흔들리고
휘둘리는 갈꽃에 묻혀
버리지 않아도 소멸되며
다가갈수록 더 멀어지는 길에서
휘어가는 허리 굽혀
떨어진 꽃잎 하나 찾습니다.

은사시나무

조기 살 발라먹을 힘도
새벽 단잠도 다 빼앗겼다.

수만 장의 물음표를 달고
가볍게 떨리는
추억이 무거운 사람
눈 꼬리 풀린 동공에
흰밥도 꺼억꺼억 넘어간다.

이리 저리 다니며 세월만 축내고
먹물을 뒤집어쓰고야
비로소 은거隱居하는
거무죽죽한 오징어처럼 갇혀
웃어도 웃는 게 아닌 얼굴로
머언 하늘을 본다.

얼마나 더 뜨거운 물에 달여져야
향이 깊은 사람이 될 수 있을까.

꼬리 짧은 세상
후들후들 외다리 건너온 문객文客
눈부실 은빛 세상을 꿈꾼다.

천서초등학교

수업이 끝난 오후
열린 창틈으로
졸졸 흘러나오는 풍금소리를
살며시 따라 가봤더니
거기, 꽃처럼 송민자 선생님이 계시고
푸른 하늘에 뭉게구름
두둥실 떠가고 있었다.

기억의 파편들이 분골처럼 흩어지고
풋사과 향기로 남은 사랑

오십년 만에 학교에 들러
풀밭을 헤치고 교실 안을 들여다보니
선생님은 안 보이고
풍금소리 여전히 산골 물처럼
졸졸 흘러나오고 있었다

쌕-쌕 천식소리
목구멍에서 새어나오는데
가슴은 식지도 않고 쿵쿵거렸다.

병상의 정화

요약된 골격 사이로
회한의 눈발이 휙 스쳤다.

싱그런 잎들을 잃고서야
비로소 떠오른 심연
푸른 숲을 집어먹고
한껏 더 수심이 깊어졌다.

경악과 고통의 병상에서
영혼이 거울처럼 맑아졌다.

이끼도 꽃을 피우고

힘겨워 응어리진 삶이지만
죽어있는 시계처럼 지낼 순 없다

이끼도 꽃을 피우고
쥐눈이콩 꽃도
사립문 움켜쥐고 기어올라
꽃사슴처럼 산 넘어오는
아침 해를 기다리는데
바람 소리 푸른 세상에서
우울로 세월을 박음질할 수 없다

한 시절 풍요가
구름처럼 빠져나간 들녘에 나가
통통하게 익은 달 하나 꿈꾸며
언 땅에 피어난 들꽃을 본다
떨다 깬 찌르레기 소리 들으며
숨겨진 불씨 하나 찾는다.

당최 모르겠네

하늘에도 그늘진 곳이 있고
별 밭에서 곤두박질치는 별도 있네.

가시처럼 목 안에 자꾸 걸리고
잃고서야 귀한 걸 깨닫게 된 사랑
아무도 모르게 핀 꽃이었네
뽑을 수 없게 깊이 박힌 못이네.

눈발이 어둠을 끌고 가는 저녁
서산 너머가 가야 될 고향인지
초승달이 점점 혼자 기울어가네.

마파람 같이 어수선한 글들
잘강잘강 모래알처럼 씹히는 언어들.

싱싱한 것들은 다 빠져나가고
은밀히 항문의 거미줄처럼
왜 애진 것만 줄줄 새어나오는지
알다가도 모를 일이네.

꿈속에선 원앙이처럼 사랑을 찾고
오뉴월 뻐꾸기처럼 노래가 나오는데
잠이 깨면 왜 추적추적 하늘에서
우울이 내리는지 당최 모르겠네.

참 알다가도 모를 일이네.

미수米壽

사는 일도 무섭고
죽는 일도 두렵다.

넋이야 분망하지만
한 걸음 한 호흡이
숨비소리다.

개여울에 잠시
목을 축이고 지나가는
하얀 바람.

자다가 홀쩍 떠날까
잠이 들 듯 말 듯
밤새 뜬 눈이다.

용을 써도 기우뚱
마음의 몸이 아니고
몸의 마음이 아니다.

풀 위에 풀로 누우면
대명천지가 고요하다.

이제 거의 다 왔다.

뜨거운 파도가 인다

시력을 잃은 어시장 안의 가로등이
짙은 안개에 젖어 있다
꼬옥 짜면 비린내가 찍찍 빠져나간 후
마른 몸이 국수 한 가닥 될 것 같다.

오징어 집어등보다 환한 햇덩이 하나
오장五臟 깊숙이 띄울 수 없을까.

발등을 찍고 달아난 세월이
어둠 속에서 반격을 노리고 있다.

탱탱 불은 고추를 붙잡고
오줌발 멀리 날리던 벗과
머리 개운하게 바람 가르며
놀던 바닷가 한껏 달려보고 싶은 밤.

동그랗게 몸을 말고
누렇게 구워진 달을 베어 무니
씹을수록 고소한 맛이 난다
아직도 가슴 속에서 뜨거운 파도가 인다.

햇살이 보약이다

이적지 평생을
얻으려고 힘썼는데 잃은 것뿐이다
노래를 부르는데 탄식이 나오고
웃을 때도 눈에선 눈물이 난다.

둘이 꽃밥을 먹으며
너랑 나랑 절대로 변치말자 했는데
한 생이 다가도록 서로 그리워할 뿐이다.

철책이 웅크린 땅엔 봄도 더디 오는가?

가랑비 추적추적한 하늘에
날개 젖은 기러기 한 무리 아득한데
굳게 움켜 쥔 마른 깃대 위로
쓰라린 기억들이 꺼멓게 나부낀다.

산이 첩첩이 쌓이듯 세월이 오고
강물이 구르고 굴러 흐르듯 살아온
욕된 생엔 낙도 약도 없다.

허락 없이 달이 지고
기척 없이 하루하루가 가며
몸보다 가슴이 먼저 삭은 이에겐 약이 없다
더운 말이 밥이고 봄 햇살이 보약이다.

겨울 내내 기다렸던 봄
자! 다시 기운을 내어 꽃을 피우자
본래 별이 고향인 청명한 사람아!

꽃 한 송이로

다시 태어난다면 꽃으로 피고 싶습니다
사람들을 웃게 할 꽃 한 송이 되고 싶습니다
돌 틈 사이면 어떻고, 버리고 간 시골집 사립문이면 어떻습니까
언젠가 생각나 들를지도 모르는 주인을 위해
살던 사람 그리워 울안을 기웃거리는 남은 자를 위해
나팔꽃 한 송이 조용히 피워 올리고 싶습니다
버스가 하루 세 번 들어가는 외진 시골학교 화단에
몇 안 되는 아이들을 위해 대롱대롱 희망의 주머니를 달고 피는
금낭화로 피어보고 싶고
노 목사님 돌아가신 후, 할머니들만 남아 간간히 기도하러 들르는
시골교회 앞마당 한켠에 수선화로 피어보고 싶습니다

다시 태어난다면 꽃 한 송이로 피고 싶습니다
순진한 처녀로 서울 올라갔다가 이 놈 저 놈 한테 속고 당해
만신창이가 되었다는 이웃집 누나를
산모롱이에서 하염없이 기다리던 제비꽃으로 피고 싶고
화전 밭에서 땀 흘리며 가난을 일구시다
초승달 이고 돌아오시는 어머니 발아래
머리 숙인 할미꽃 한 송이로 피고 싶습니다.
빨간 속셈이 들여다보이는 장미꽃도 괜찮고

사람만 보면 줄창 따라붙는 꽃다지라도 좋습니다
무슨 꽃으로 어디에 피든 상관 없습니다

지나가는 이, 가슴 한 번 흔들어주고
상한 얼굴에, 환한 미소 한 번 피워주는 꽃 한 송이로
내가 자란 고향 땅에 피어보고 싶습니다.

시를 쓰는 새

밤마다 사슬에 묶이는 팽팽한 긴장
출산을 기다리는 태동의 섬세한 진통이다

진리는 용상에서 흔들림이 없고
이념의 새는 오를수록 벅찬 비상으로
풀버러지 울음을 물고 밤을 지새운다

무한한 영토를 쉬임없이 떠돌며
한 송이 절묘한 둥지를 꿈꾸는 새
날카로운 발톱을 세운 채
어둠 속에서 먹잇감을 노리고 있다.

소라껍질의 향수

파도 소리가 그리운 날은
귀에 소라껍질을 대 본다.
쏴아 - 바닷소리가 들리나
향방이 불명하다.
구름 이는 맘으로 바라보는 달
어쩌자고 저 그리움은
내 어둔 가슴을 또 파고드는가!
다 털고 성근 열차를 타면
잃어버린 고향으로
다시 돌아갈 수 있을까?
구렁이 울 듯 메인 목을 하고
마른 가슴을 쓸어내린다.
홀로 깊어져 쓸쓸하여선
까마득히 저문 강에
탁한 머리를 헹군다.
자가웃 눈발에 쌓이고
천둥소리 선잠에 꼭두새벽이어도
짜고 비린 맛 몸에 담고
머언 바다 푸른 하늘을 꿈꾼다.

내 속에 바다가 있다

눈물이 짜디 짠 걸 보니
내 속에 바다가 있다
사계절 바람이 일고 파도가 친다.

고통을 향하여 치닫는 시름이
밤마다 거칠게 내달려 와
염통에서 하얗게 부서진다.

잊은 듯 잊히지 않고
가신 듯 가시지 않은 회한이
밤새 잘그랑거리다
반란군처럼 솟구치고 갈앉는다.

흐를수록 깊어지고
깊어지면서 소리 죽는 바다에
배 한 척 힘겹게 항해하고 있다
풍파에 황망히 낡아지고 있다.

소리 소문 없는 바다
멀리 온 줄 알았는데 제자리다
하늘만 발갛게 물들고 있다.

자화상

밀폐된 유리벽 저 편에
흐릿한 눈이 캔버스 앞에서
연신 껌벅이고 있다

풋풋한 길을 잃고
홀씨처럼 떠 앉은 그림자
고립의 검붉은 얼굴에
판독이 불가한 갑골문자가 있다.

삼킬 수 없는 숱한 언어들을
안으로 게워 씹으며
잃어버린 기억을 끌어내고 있는지
물바람이 훑고 간
희끗한 머리를 끄덕이고 있다.

손에 잡힐 듯 말 듯
유리벽 저 편 떠 있는 낙도落島
제 가슴 빨갛게 우려내고 있다.

별 없는 별 밭 아래
섬 하나가 개명改名 중이다.

감악산 추상

길을 몰라 못 가는 게 아닙니다.
흐를수록 더욱 깊어지는 강물처럼
서로 건너 오간 강이 너무 깊어져
기봉奇峰의 학이나 되어야 날아 갈 수 있습니다.

비옷이 없어 쏟아지는 비를 맞는 게 아닙니다
빗줄기 더 세게 더 많이 맞아야 녹아내리는 잔설처럼
멍이 든 가슴 더 메이고 더 아파야
잊을 수 있겠기에 외면하듯 나를 물바람 속에 밀어 넣고
견뎌보는 것입니다.

눈물 속에 떠오르는 얼굴 하나 뿌옇습니다
푸른 잎 파먹는 벌레는 보호색을 띠어 잡을 수 없습니다
무극無極한 가랑이 속으로 거대한 바큇살이 소리 없이 돌아가고
떡갈나무 위에 서리서리 내린 달빛이 나뒹굴고 있습니다
설마치 자귀 소리만 귓속에 꾹꾹 눌러 박힙니다.

날아간 꽃잎은 의혹처럼 어디로 갔을까요?
언제나 그리워 꽃밭으로 다시 돌아올 수 있을까요?
둥글게 뜬 달을 보며 그 날을 웃습니다
그날 기억으로 족하며 그 사람을 꿈꿉니다.

비워서 채워지고 하나 더 버려서 얻는 마음.
나는 재촉할수록 아득해지는 저 오두막입니다
감악산 변두리 잊혀진 기슭에 천년을
물바람 속에 버티고 서 있는 외딴 바위입니다.

* 감악산 : 경기도 연천에 있는 산.

소만小滿

수련이 물 위에 떠 있듯
늘 마음이 바람 위에 떠 있다.

별이 되기 위해 하늘로 가는 길
비우고 가벼워져야 바람 탈 수 있는데
아직도 어깨 위의 짐이 버겁다.

배고픈 여우 눈알 굴리듯
몸부림으로 달려온 거친 광야
이 긴 혼돈의 밤은 얼마나 깊었을까?
구겨진 종이로 가득한 방엔
포획되지 않은 꽃말들이 오리무중이다.

벌떼같이 스쳐가는 먹구름 아래
단물이 새어나오는 돌 틈을 헤적이며
봉산 너머 아름다운 세상을 꿈꾼다.

돌담에 기대앉은 졸음처럼
나지막이 비명하는 초록의 시간들이
자꾸 숲으로 빨려들어 간다.

지그시 볼우물을 하고
덤불 속 찌르레기 흔적을 찾는다.

매화타령

금싸라기 같은 논을 팔아
큰아들 공부시켜 박사 만들고
텃밭을 팔아 작은 아들 아파트 사주고
곗돈 타서 외동딸 시집보냈다.

은혜는 산만큼 높고
명줄은 칡넝쿨보다 더 길어
명절 때마다 음식을 장만하며
행여나 하며 자식들 기다리는데
달이 중천에 떠도 문간에 기척이 없다

늦은 밤에 두 늙은이
안방에 떡시루 엎어놓고 마주앉아
"미쳤지! 미쳤어!"
올 추석에도 매화타령이다
덩그러니 달만 웃고 있다.

개똥참외

토박한 땅에 천출賤出로 떨어진 목숨이
잡초의 기세에 눌려 누렇게 떠 있다가
한 옥타브 목을 내밀어
무성한 풀 섶 위로 꽃을 피웠습니다

바람과 가시에 온 몸 멍들어 찢기고
한 동안 땡볕 아래 사색死色이더니
때 아닌 우박 세례로 머리에 딱지까지 얹혔습니다

쉼표 하나 없는 고단한 삶에
하루하루 고통의 밥을 먹고 자라
어느 새, 얼룩의 생을 웃음으로 바꾼 열매

진통 끝에 얻은 씨앗의 기쁨입니다
거친 개똥밭의 푸른 시그널입니다

물바람 불어 힘겨워도
참고 견디면 개똥참외 하나쯤
아직도 얻어낼 수 있는 세상이라는.

금강을 흘러보라

해 저녁 금강을 따라 흘러보라.
걷고 걸어도
실타래처럼 끊기지 않고 흐르는
처음 걸어도 낯설지 않은 강가에서
불러줄 이름 없고
사는 사람 서넛뿐인 마을의 어둠을 쓸어내며
얼굴 훤하게 떠오르는 초승달의 웃음살을 보라.
흐르다 흐르다 가슴 저미면
쉴 새 없이 흔들리는 억새들을 불러
함께 으스러지도록 얼싸안고
후미진 산허리 돌아
소리 죽여 흘러가는 물줄기를 바라보라.
저녁마다 산 그림자 내려와
붉은 강물에 얼굴 씻는 나루에서
늦도록 새끼 줄 뗏거리 찾는
해오라기의 소스라침을 보라.
멀리
찌든 날 휜 허리에 쟁기 매고
꾸벅꾸벅 풀물에 젖는 지게 다리 두드리며
누렁소 앞세워 돌아가는
농부의 졸타령이 물에 젖는

해질녘 금강을 유유히 흘러보라.
어디 막는다고 멈출 수 있는 강물인가
눈여겨 더듬어보라.
잡초 걷어내듯 우거진 슬픔 걷어내며
등잔불 심지 돋우듯 살아가는
저 강물 같은 사람들을 보라.

달맞이 꽃

바람 끝이 찬 늑골에서
종일 산그늘이 내려오기를 기다립니다
어둔 달빛으로 피고
해오름으로 지는 꽃입니다

꽃들이 태양만 우러른다면
꽃이 빛으로만 피어난다면
밤을 일구는 사람들은 얼마나 외로울까요
달맞이 꽃 한 송이 어둠을 털어냅니다

매일, 저녁이 오기를 기다리는 사람들
망산에 창백한 달이 떠야
비로소 가난을 털며 일터로 나서는 사람들

풀벌레 울음 한 올 한 올 끌어 모아
겹겹이 쌓인 멍울 쓸어내며
깜깜한 곳에 길 하나 트려고
작은 꽃등 하나 가슴에 켜 듭니다.

실향失鄕

고향에 가면 고향이 없다.

물정物情에 초연超然한 아버지
농삿일에 바지런한 어머니 다 안 계시고
벌써 물 건너간 세습世襲의 땅은
주인이 누군지도 모른다.

낙락落落한 당산소나무
새 길이 나며 어디론가 팔려가고
공단工團이 들어서며 뻐꾸기도 떠났고
집들이 털리며 참새도 사라졌다.

어쩌다 들르면
푸석이 박제剝製된 가슴으로
부절不絶한 바람만 훑고 지나간다.

시방 고향엔 고향이 없다.

제3부

더 저물기 전에

눈 내리는 마을 | 46×26 최영호 |

뒤통수

할머니는 철길 옆에 목련꽃이 필 때마다
실눈을 뜨시고 이게 마지막일지 모른다고 하셨다.

꼭 자신을 닮아서 버리지 못하겠다며
15년 동안이나 키워온 쇠약한 군자란을
양지에 내놓고 쯔쯔- 혀를 차가며 물을 주셨다.

마음속엔 늘 봄을 품고 사시지만
몸은 이미 마른 솔잎 되신 할머니는
누가 어떡하다 이렇게 되었느냐고 물으면
뒤통수 맞은 거라고, 사람은 누구나 나중에
뒤통수 맞는 거라고 답해 주셨다.

세월에 뒤통수 맞고 팍- 삭으신 할머니
자식에게 뒤통수 맞고 만석 재산 다 잃으시고
말년엔 풍에 뒤통수 맞아 밥보다 약을
더 많이 드시는 할머니는 급성 폐렴에
뒤통수 맞고 어젯밤 그만 명줄을 놓으셨다.

조용히 저속으로 달리던 열차가
덜컹 서자 목련꽃이 후두둑 떨어졌다.

파묘破墓

날이 좋은 날
증조부의 봉분을 열었다.

침묵으로 다져진 토궁 안의
백골을 가만히 들여다보니
거기에 내가 누워 있었다.

어둠에 묻힌 시선과
길고 가는 팔 다리
닳고 삭은 긴 손가락과
넓은 이마 위로 성근 머리 몇 가닥

혼은 머언 고향으로 떠나고
큼악한 짐승이 내 뼈를 물고 있었다.

영욕의 피와 살은 물이 되고
치열한 몸부림과 애락은 흙이 되고
한 줌 분골이 된 생을
바람이 또 어디로 데려갈까?

산 하나 황망히 사라진 기슭
지관이 소지 한 장 태워 올릴 때
붉은 파토 더미 위로
여치 한 마리 나와 울어줬다.

조롱박을 키우며

조롱박 되신 아버지를 모시고
익산 원광대학병원으로 갔습니다
걸으실 수 없어 보듬어 안고 진료실로 모시는데
너무 가벼워서 나도 모르게 눈물이 뚝! 떨어졌습니다.

칠남매에게 속살을 다 파 먹이고
껍데기만 남아 쪽박이 되신 아버지.

치료 후, 집에 모셔다드리고 돌아왔는데
저녁에 핸드폰으로 전화가 왔습니다.
"오늘, 애썼다. 너무 고마웠다.
자동차 뒷좌석에 둔 조롱박 속에
병원비와 아이들 과자 값 넣어두었다"

아내와 또 한 번 눈물을 쏙! 빼고 말았습니다.

그 기억을 평생 잊지 않으려고
해마다 담장 위로 박 넝쿨을 올립니다
뜨건 여름 박꽃 속에 핀 아버지
깡마른 얼굴에 하얀 미소가 가슴 아립니다.

슬픔 한 덩이

가난이 죄가 되던 시절
식은 보리밥 한 덩이 고추장에 비벼
볼이 터지도록 입에 몰아넣고 깨물면
부른 배에도 허기가 졌다

입 안에 이리저리 굴러다니다가
톡톡 터지는 거친 밥의 껄그런 식감
지쳐 맨 바닥에 벌렁 드러누우신
아버지의 닭발이 된 손발과
푸-푸 수명을 다해가는 농기구 소리를 내며
혼곤히 주무시는 모습을 보며
뭔지 모를 죄의식과 떨림으로
슬픔 한 덩이 잘근잘근 씹어 넘겼다

춥고 더운 세월 돌아
자식이 아비가 되어서야 알았다
타고난 팔자만큼 서러운 게 없고
하루 세 끼 입으로 밥 들어가는 것만큼
더 애절한 일이 없으며
타고난 무능을 탓하지 않고
무성한 새끼를 열심히 키우는 것보다
세상에 더 거룩한 일은 없다는 걸.

고향 떠나오던 날

새 순 돋아날 때 마냥 즐거웠고
푸른 잎 피고 두터워지면서
거친 바람이 자꾸 무서워졌다.

비둘기 집처럼 엉성한 삶 속에서도
별똥별을 보며 소원을 빌었다.

고함을 지르며 들어온 기차가
그녀를 싣고 산허리를 돌아갈 때
처음으로 앙가슴이 조이는 듯 아팠다.

홑이불 속에 드러누워
아버지 신발 흙 터는 소리 들으며
어디론가 떠날 것을 결심했다.

바람소리, 벌레소리, 개울물소리…
정든 것들 소복이 남겨두고
누덕누덕 고향 떠나올 때
눈물 흘리시던 어머니
아직도 산머리에 가물거린다.

고향길

낯익은 숲에 내리는 노을을 안고
산딸기 농익어 떨어진 길을 간다

수수밭 사이 송아지 소리 푸르고
하늘 끝 산머리 별빛 황홀한 곳
돔보꽃 녹두꽃 소소한 웃음이 반기는 곳으로
민들레 후-후 불며 꿈길을 간다

산등성이 억새풀 흰 머리 우수수 털리면
들뜬 메아리 넓은 벌로 가물가물 흩어지고
한 계절 달이 뜨고 가난이 우는 곳
한평생 차마 잊지 못한 길을 간다

허리 굽은 소나무 군데군데 서 있고
풀무치 가랑이로 툭-툭 튀어 오르는 언덕
내 어릴 적 웃음이 아릿한 길

아버지 무덤 홀로 외롭고
보리밭 이랑 끝 종다리 애끊는 고향으로
한 점 구름이 되어 어젠 듯 간다.

소국小菊을 보며

아버지는 집에서도 늘 혼자셨다.
몸과 마음이 소국小菊에 내려앉은
바람처럼 가벼우셨다.
일제 강점기 강제 징용과
6.25 때 의용군 활동의 예열豫熱된 시간으로
생사生死에 남 달리 초연하셨다.

어둠을 껴안은 질그릇이 삭아 내리고
0.2그램의 영혼이 긴 숙면에 들던 날 아침.

아버진 마른 소엽蘇葉처럼
바스락거리는 목소리로
"오늘은 소풍 가는 날 기분이구나!" 하시더니
봄 햇살 같은 웃음 한 가닥 던져주시고
휭-하니 산으로 떠나셨다.
뭔가 짜릿하게 가슴을 훑고 지나가며
고압 전선에 감전된 느낌이었으나
한편으론 그 편안한 모습이 부러웠다.

검은 흙에 알토란 같은 날을 묻고
반딧불만한 인생을 반짝 살다 가신 아버지.

지금도, 꽃잎이 오소소 떨어지고
텃밭에 물까치 조용히 내리는 저녁이면
그 때 그 파름한 얼굴과
마지막 달빛 같은 말씀이 어젠 듯 살아 뜬다.

"소풍 가는 날 기분이구나!"
눈물 한 방울이 눈썹을 붙들고 떤다.

밥

무르팍 연골이 다 닳도록
밭에서 가난을 매시다 쓰러지기까지
어머니는 평생에 내 밥이셨다.

묵은 밭의 억새가 털리는 날
유언 한 마디 없이 떠나가신
뼈뿐인 아버지의 식은 몸을 붙들고
아버지도 결국은 평생
내 밥이셨다는 걸 알고 울었다.

결혼해서 세 아이를 낳고
아내와 함께 밥이 되면서 깨달았다.

사랑은 밥이 되는 일이요
그 밥으로 사람을 키우고
행복한 세상도 만드는 일이라는 걸.

어둑어둑 저녁상이 늦어지면
소찬素饌으로도 가슴 젖던
옛날 어머니 밥이 그리워 뭉클하다.

병상의 시선
— 어머니 병상에서

텃밭에 선 큰 은행나무 그림자가
온기 없는 방에 깊숙이 들어와
진펄의 삶에 겨운 용안을 지우다

출구도 없는 공간에 소진된 몸으로 누워
일상을 잇는 노련한 침묵과 평온
목숨 하나 풀잎 끝에 물 한 방울인데
숨구멍 하나로도 감격이시다

모든 흥과 노래를 접고
달이 지는 속도로 일어서고 눕는
어눌한 거동에도
젖은 눈매와 또렷한 시선이
한 줄 의지 끝에 수직으로 솟구쳐 있다.

이별이 가까워지는 만남

수돗물 틀 듯 확- 쏟아 붓고
수도꼭지처럼 잠그고 싶은 슬픔이다.

메꽃 같은 어머니의 웃음
눈물이 괼 듯 말 듯
무슨 말을 할 듯 말 듯
만날 때마다 코끝이 찡하다.

모로 오는 끼니마다
금 간 빗살무늬 손으로 빚은 음식은
햇살보다 눈부신 기도였다.

하늘이 점점 높이 달아나고
바람이 돌고 돌며 거꾸로 가는 가을
등 굽은 사람 몇이 서성이는 환송역에서
질주하던 열차가 머물고
아직도 향기 흠뻑 머금은 어머니
아들 손에 붙들려
서서히 차를 갈아타고 있다.

물처럼 전율이 흐르고
식도食道로 바닷물이 솟구치는 밤
이별이 가까워지는 만남이다.

더 저물기 전에

돌아가는 길에 하늘이 설핏합니다
털썩 주저앉아 해나 지우고 싶지만
가야 될 산 너머 굽은 길이 멉니다.

어린 꽃가슴 열고
낯선 이국어를 외우며
수수밭 사이로 함께 묻혀 가던 길엔
벗도 사랑도 가고
어머니 서러운 얘기만 남았습니다.

새벽 종소리 은은한 고향이 그립습니다.
호롱불 돋우며 물레 잣던 밤이 아련합니다.

산허리 메밀꽃 같은 얘기들과
푸르디푸른 기억들이 나를 일으켜 세웁니다.
일렁이는 가슴이
누렁소 울음에 걸쭉히 젖습니다.

다 털고, 모두 부려놓고
더 저물기 전에 돌아와
머루순처럼 돋아나고 싶습니다

턱수염처럼 자라는 보리밭에서
기러기 뜬 별밭을 올려다보고 싶습니다.

범골*의 봄날

나목들이 차지하고 있던 산자락을
산벚이 현란하게 점령해가고 있다

꽃으로 배달되는 봄
여기저기 무더기로 개화하는 날
졸-졸 도랑물 소리 들리는 돌미나리 밭에
한 움큼의 그리움이 싹뚝 잘린다

투박한 손으로 뜯어 오신 돌미나리
조물조물 무쳐 밥 한 그릇 뚝딱 해치우고
텃밭에 장다리꽃 노란 미소를 바라보며
우리의 믿음과 사랑의 뿌리는 더욱 깊어졌다

사위어 가는 줄도 모르고 야윈 몸을 놀려
내달리기만 했던 풍상의 삶 속에
세월은 도끼 자루처럼 잘려 나가고
땅에 묻혀 아지랑이로만 피어오르는 봄날

"어머니! 계신 곳은 따뜻-한가요?
잠자리는 편안-하신지요?"
산 벚꽃 한 아름 상석 위에 놓는다.

* 범골: 보문산 남쪽에 있는 마을

요양원에서

용안에 핀 눈물 한 잎
환한 웃음으로 치장한 슬픔이시다.

재주껏 달리고 둥글려도
맞설 수 없는 퇴행의 추격
그믐날 밤 수렁 속의 몸부림이시다.

지엄한 고독의 가지 끝에
설화처럼 달린 아픔
어머니는 매서운 지력으로
간사한 내 속을 들여다보고 계셨다.

"이제, 자주 오지 말거라!
길도 멀고, 네 몸도 성치 않은데…"

순간, 얼어터진 장딴지를
회초리로 얻어맞는 느낌이었다.

방 안의 불을 모조리 끄고
깜깜한 이불 속에 몸을 담아도
얼굴이 뜨거웠다.

북극이 되는 고향

흰 눈이 퍼부어 길이 묻혀 끊어지면
만경강 건너편에서 언 발만 동동 굴렀다.

억새가 한 대목 절창하는 강가에서
한사코 만류하시던 구순 노모의
가시가슴을 떠올리며 애틋했다.

검은 소 타고 간 아버지 돌아오지 않고
별도 달도 지워져 보이지 않아
비루먹은 웃음조차 눈 속에 묻히는 밤.

호롱불에 비쳐 실 물어 끊어가며
가난한 양말을 깁던 어머니의 시름이
가늠할 수 없이 쏟아져 내렸다.

허구한 허물이 일월日月로 가고
바람이 모래를 쥐어다 뿌리는 강변에서
언 발 구르며 가슴 녹던 그 결별을 떠올리면
고향이 눈 내리는 아득한 북극이 된다
시도 끝도 없는 눈이 펑펑 내린다.

일생을 흔들린 묵시록의 갈밭머리에서
늦도록 억새가 자지러진다.

어머니의 단풍놀이

퇴원 후 회복기가 되어도
영 깨성치 못하시면서
내장사 단풍 보러 가고 싶단다.

거친 돌 다 골라내고
밭에 푸른 씨 뿌려가며
생명을 가꾸어 오신 어머니
일손 털고 마음 가는 데로
발길 닿는 데로
단풍잎 밟으며 걷고 싶단다.

내 집 밖이 딴 세상이어서
"괜찮다 괜찮다" 하셔도
마음은 항상 어두웠던 거라
물닭처럼 온 세상 떠다니고 싶고
고방오리처럼 날아 보고 싶었던 거라

늘 늪에 빨려 들어가는 기분이시더니
구름 위를 걷는 것 같다며
단풍 구경하고 돌아오신 후
섬세한 눈길로 손주들 돌아보며

"어이구, 이 구경 저 구경 다 해도
내 새끼들 구경이 제일이지!"
하시던 모습이 그립다.

당숙모

남편 잃고 만 이년은 텅 빈 세상
마음잡지 못하고 눈물만 흘렸습니다

삼사 년 째는 자식들이 섭섭했습니다
생일 날, 명절 때, 제삿날 안 오면
날 무시하나, 이것들이 이럴 수가 서러웠습니다

오륙 년 되니까 아들, 딸, 며느리 다 보태야
병든 남편 하나만 못하구나 다시 그리웠습니다

한 십년 지나니까 희노애락에 무뎌지고
눈이 침침하고 멍한 게 산 날이 허망했습니다
자식들 가정 꾸리고 사는 걸로 만족하고
손주라도 보여주면 큰 선물로 여겼습니다

이십 년쯤 지나며 입맛 단맛 다 잃고
팔십 넘은 인생은 덤이라는 걸 알게 됐습니다
오늘이 마지막 아닐까 잠들고
아침에 눈 떠지면 기적이고 감사지요

요즘엔 차창 밖으로 보이는 게 모두 신기해
매일 보너스 받는 기분으로 삽니다
정거장에 내릴 준비하고 있지요.

아름다운 저녁이고 싶다

바지랑대 위로 내걸린 하얀 빨래 사이에서
솜털 보송한 여동생이 옷고름을 씹으며 걸어 나오고
몽당 빗자루 든 사내 동생이 오락가락 서성이고
아버지 늘어진 헌 러닝셔츠를 목에 꿴 누님이
까치발로 빨래를 걷어 내리고 있다.

날 저물어 널린 것들을 모두 걷어 개고
돌아갈 길을 서둘러야 되는 시간.
홍조 띤 하늘의 저녁 해가
가만가만 하루를 재촉하고 있다.
울컥 메는 목을 헛기침으로 달래며
살아 숨 쉬는 것들을 하나하나 둘러본다.
아내의 그을음 낀 부뚜막에 앉아
바들바들 떨며 숙소를 찾는 굴뚝새와
거미줄에 걸려 파닥이는 나비와 염이 된 쇠파리.
두엄자리에서 어질어질 생명을 마감하는 하루살이들과
고단한 날들을 몸으로 익혀 가을로 가는 고추잠자리.
나는 눈물겨운 그들의 행렬에 섞이어
이 서늘한 아픔과 익숙한 곳을 버리고 돌아가게 될
나의 먼 길을 우러러 응시해 본다.

자기를 비우고 떨어지는 꽃잎처럼
마지막 떠는 몸짓까지 아름다운 저녁이고 싶다.
물길을 트고 함께 했던 사람들에게
잊을 수 없는 금빛 하늘 한 자락이고 싶다.
피안으로 돌아가는 것들을 진정 조상하며.

발설하지 못하는 슬픔

보내줄 사람도 없는데 편지를 기다린다
가끔 솔가지 태우는 냄새가 맡고 싶다
첫눈이 오면 잃어버린 누이가 돌아올 것 같다.

대숲 위로 달이 뜨면 올려다보며
누구에겐가 전화로 노래 불러 주고 싶다.
아직도 밀모가지 물결치는
밭고랑 사이로 달려오는 너를 꿈꾼다.

어느 날 한 숨 푹 자고나면
삼십년 쯤 나이가 줄었으면 좋겠다.
오징어처럼 깡마른 그녀 대신 문풍지가 울고 있다.

꽃 속에 얼굴을 처박고 꿀 따먹는 벌처럼
무언가에 흠뻑 취해보고 싶다
죽어서 매 맞을 일을 대비하기보다
살아서 누릴 알사탕 같은 일을 늘 찾는다.

지나간 일은 꿈이다
오늘은 발설하지 못하는 슬픔이다
내일은 희망이라고 쓴 명패다.

너를 향한 시선
— 아들에게

옥토에 떨어진 씨앗이 되고
돌개바람에 떨어지지 않는 열매이기를
늘 가슴속에 담은 목마른 이끼이다

소리치지 못하는 비명으로
네 눈부심을 위한 나의 외로운 기도는
엄마의 빨래 옷처럼 채곡채곡 안에 쌓였다

쏴아 - 소나기 지나고
쩌렁쩌렁 - 천둥이 내려칠 때마다
거친 바람에
푸른 잎이 패잔병처럼 떨어질 때마다
떨리는 소망으로
멀리서 너를 올려다보는 아득한 시선

나는 쇠하여도 결코
너만은 굳게 달려 흥하기를
목덜미 저리도록 바라보고 있다.

선물

생일날 선물로
손주가 시를 써 줬다

할아버지께서
우리 집에 또 오셨다
"할아버지 안녕하세요?"
할아버지는 목사님
믿음을 전파하신다

사 오신 딸기, 메론 맛
새콤 달콤 냠냠
할아버지가 가져다주는 건
뭐든지 다 맛있다

할아버지 잠 잘 때
코고는 소리 쿠울-쿠울
듣기가 좋을 때도 있고
싫을 때도 있다
좋을 때가 더 많다

받아 본 것 중
가장 맘에 든 선물이다

* 성연이 초등학교 1학년 때

추석특종

고향에 그대로 뿌리내린 내 친구 봉달이 아버지는
풀은 힘껏 밟아줘야 더욱 푸르게 일어난다고,
비 온 뒤에 땅이 굳고, 과일도 땡볕에서 딴딴해진다고
오늘 날, 네가 빈혈로 가끔 쓰러지는 것도 어릴 적 매를 덜 맞아서
그런 거라며 이제라도 더 얻어터져야 건강하게 된다고, 걸핏하면
웃으며 아들의 머리를 쥐어박으시더니

근래에는 걷지도 못하시고 숟가락 하나 들기도 힘에 부치신다.

너른 어깨 딱 펴고 논두렁 밭두렁 휘젓던 걸음 씩씩하고
아들 하나쯤은 등에 척 걸쳐 업고
거침없이 물살 가르며 강을 건너고
막걸리 한 잔이면 팔씨름 하난 언놈한테도 질 맘 없다며
쩌렁쩌렁한 목청에 힘이 펄펄 넘치시더니,
서러워라. 푸른 세월 꿀꺽
삼키고 이젠 뼈들이 사는 마을로 이사 갈 준비를 하신다.

가끔 막내아들이 휠체어에 태워 나가면
마을 어귀 허물어져가는 빈 집 한 채 물끄러미 바라보며
저 집이 꼭 내 신세 같다고 쓸쓸해 하시더니
지난 추석, 큰 아들 등에 업혀 삼년 전에 간 아내의 무덤에 갔을 때

곱게 이발한 봉분을 한 아름 껴안고 얼굴을 들이댄 후
"여보. 그 동안 많이 기다렸지?
나 인제 오늘 당신한테 아주 왔어." 하며 - 그대로 숨을 거두셨다.

평생 알곡 같은 인생 사시다가, 오곡이 영글대로 영근 가을에
농사짓던 들녘이 훤히 내려다보이는 종중 땅 산자락에 누우셨다.
가을 햇볕 더없이 따끈한 날.

만월

초당에 뜬 만월, 휘황한 침묵이다

머언 달집 속에 말 없으신 어머니
소리 한 잎 떨어지지 않지만
유정한 웃음, 만면에 가득하다

서러워라! 가슴 베어내듯
달비*에 목을 세운 벌레 소리
꽃그늘에 점점 붉어 젖고

풀섶에 가녀린 아랫도리 적시며
어둠을 밟고 홀로 오시는 길

잘박잘박 달빛 밟는 소리 아릴 때까지
못 잊어라! 두고두고 띄워 보는 얼굴이
두둥실 눈물겨운 만월이다.

* 비처럼 쏟아지는 달빛

첫눈

허락할 수 없는 이별인지
종일 첫눈이 내렸습니다.

아픔이라도 묻어주려는지
발자국이 하얗게 덮였습니다.

뒤돌아보며 아파하지 말라고
다 지우고 새 길 가라고
거짓말처럼 깨끗이 잊고 살라고

마지막 남긴 긴 편지처럼
소복소복 첫눈이 내렸습니다.

간이역

어디론가 떠나는 사람들이
졸고 있는 간이역을 본다

정인의 은밀한 손수건처럼
손에 든 깃발은 빗금으로 흔들리고

눈물이 펑펑 쏟아지는 밤
열차는 화살처럼 역을 빠져 나간다

날아가지도 못하고 홀로 남겨져
생이별을 반복해야 되는
투명한 일상의 전송과 썰물 같은 동요

오늘도 햇살이 실신한 플랫폼에서
매번 보내야만 되는 아픔을
아릿한 기적으로 날리고 있다

하늘 물빛 정원

여기 조용히 닻을 내리고 싶다
물 위에 서성이는 소금쟁이 몇 마리
어릴 적 놀던 동무들 같다

겹겹이 어우른 나무 사이
흰 구름 몇 송이 소소히 떠돌고
쪽빛 머금은 호수 위로
동그마니 한 덩이 달이 솟으니
상처받을 일 묻어둘 일 없이
맘속에 물빛 사랑이 너울진다

봄마다 피는 절정의 꽃길에서
가을 산 온통 붉게 물들고
싸락눈 하얗게 내리는 호반에서
오는 이 모두 눈부신 연인이 되리니

눈빛 하나로 사랑이 우레치고
천둥가슴에 꽃 한 송이 피리라.

제4부

사랑만 남게 하소서

원두막 | 67×64 최영호 |

풀꽃 같은 사람
― 베들레헴 외양간에서

마른 풀씨로 가벼워진 몸이
연기처럼 허공에서 지워졌다.

못 다한 얘기만 차곡히 석굴에 남고
이별의 간극은 땅과 별 사이로 멀어졌다.

불판처럼 뜨겁게 타오르는 세상
못 견디게 사랑한 죄밖에 없는
풀꽃 같은 사람 바람 같은 영혼.

다들 그렇게 사는 세상 살다
순간에 망가지고 무너져 내린 사람들이
돌부리 걸려가며 돌아오는 골목길에
채찍에 뜯기고 붉은 못에 박혀
마음 하나로 사람 사는 세상 얻은
어린양 예수가 기다리고 있었다.

거대한 문명의 도성은 모래성을 쌓고
고통 받는 이들이 오가는 외양간 앞엔
풀꽃 한 송이 부활처럼 피어 있었다.

빌려 쓴 세월이 은총입니다

싸리꽃 꺾어 둘이 꽃싸움하던 강가에
푸른 달빛이 쉬임없이 출렁입니다
미풍에 찰랑이는 검은 머릿결 사이로
노을빛 두 뺨이 아름답습니다.

마주친 슬픈 눈빛과 수줍은 목소리
겨루어 이길 수 없는 세월이
어디론가 꽃들을 데려갔지만
은은한 미소의 향기 아직도 선연합니다.

구름보다 희고 가벼운 이별
바람처럼 붙잡을 수 없던 세월이었습니다
더욱 간절하고, 좀 더 따뜻해야 했습니다
아프다가, 저리다가, 쓰라리다가
이제 떠올리기만 해도 슬픈 사람
문풍지가 떨며 울 때마다 생각납니다.

저녁 종소리 낭랑한 날망으로
거부할 수 없던 슬픔이 달아나고
예측하지 못한 평온이 자리를 잡습니다.
슬픔과 기쁨, 고통과 행복이 한 몸이었습니다.

속울음 달래며 집으로 돌아가는 길
깎아지른 암벽에서 망해茫海를 바라봅니다
어둘수록 환해지는 가슴에 만월이 안겨옵니다
멀고 긴 길이 이렇게 짧은 줄 몰랐습니다
차곡차곡 빌려 쓴 세월이 은총입니다.

길 하나 끝까지

비웃음이 담긴
쓰디쓴 잔이라도 좋습니다
이 값진 고통의 순간들을
홀로 감당하여
비옥한 시간이 되게 하소서.

돌팔매질 당하는
빈번한 굴욕이라도 좋습니다
이 무성한 고난의 순간들을
기쁨으로 인내하여
아름다운 열매를 맺게 하소서.

거칠게 달려야 되는
가시 돋친 십자가라도 좋습니다
다 갚지도 못할 주님 은혜
기꺼이 감당하여
이렇게라도 보답하게 하소서.

기약할 수 없는
거친 걸음이라도 좋습니다
비바람 속에 흔들리는 영혼들

꽃처럼 끌어안으며
길 하나 끝까지 달려가게 하소서.

당신밖에 돌아갈 집이 없어

꽃들이 입을 닫는 순간까지 당신을 기다립니다.
한 번도 남에게 돌 던진 적이 없는 나는
세상에 당신의 이름밖에 모릅니다.

얼마나 더 검은 하늘을 바라봐야 될까요?
이슬에 젖어 울고 웃으며
바람에 흔들리고 뒤집혀 온 삶입니다
이를 앙 물고 참고 견디며
사랑하고 기다린 일밖에 기억이 없습니다

풀벌레 소리 저녁 바람에 묻어오는 저녁
오늘도 미루나무 끝에 뜬 별 하나 바라보며
유동할 기미가 없는 당신을 하염없이 기다립니다

벼랑 끝에 늘어진 넝쿨 하나 부여잡고
얼마나 더 많은 어려움을 거쳐야
당신을 만날 수 있을까요
얼마나 더 지치고 애절해야 될까요?

당신밖에 돌아갈 집이 없어
당신으로밖에 채울 수 없어
아직도 남은 목숨 붙들고 당신을 기다립니다.

화장터에서

굉음 없이 들이닥쳐 물고 간 목숨
좁은 골목을 기웃거리다
넓은 세상으로 돌아가고 있다.

불꽃 속에 모든 적의를 태워 버리고
초월로 뛰어넘는 귀향길.

곤궁해도 정든 세상
긴 이별이 두려워서 주저했던 사람
칠흙같은 어둠을 벗고
은혜가 달빛처럼 출렁이는 곳에
목련꽃처럼 향그럽게 피어나라.

눈물이 방울방울 진주가 되고
울음이 마디마디 노래가 되며
시들지 않는 꽃으로 피어나는 곳에서
다시 밝은 빛으로 깨어나라.

구근이 썩어도 향기가 한 섬
필시 영원한 것도 없으나
영원히 사라지는 영혼도 없다.

부활

연륜으로 이름 하지 않고
공력으로 유효한 절명의 속죄
의인은 결코 검은 흙으로 욕되거나
땅에 오점을 남기지 않으리.

십자목에 달려 엘리 라마 사막다니
팔 벌려 박힌 못자국의 성혈
옆구리에서도 처절히 흘렀나니
목마른 양떼들 흡족히 마셔
물려진 허물 하얗게 씻겼으리.

채찍에 피멍이 든 채
못과 창으로 파상한 육체
혼은 우러러 부끄러움 없으니
비록 어둠 속에 묻혔을지라도
그의 몸은 성신으로
꽃송어리처럼 피어났으리.

성 금요일
— 고난주일에

젖은 감람나무 아래
투혼의 기도로
깡마른 얼굴이 핏빛이 되다

혼백이 떠난 듯
예루살렘은 웅숭깊이 잠들고
잎 진 살구나무 가지에
숙연히 푸른 열매를 물다

부당한 밀고와
눈 먼 병사의 창끝에
무참히 찔린 후
깊은 동굴 속에서
밤새 죽음을 쪼아 먹은 예수

벅찬 새벽이 오면
세마포 눈부신 햇살로
무덤 문 활짝 열고 나오리라.

언약

등불 하나로 온 하늘을 밝힐 수 있습니다
이별 뒤의 밤이 아무리 어두워도
당신의 약속 하나로 내 삶은 눈부십니다.

맞바람 속에 끊임없이 흔들려도
심어준 꽃씨 하나 품고 키우는 기쁨이
언 땅을 뚫고 솟구치는 새싹의 눈빛입니다.

아무리 토박하고 외진 꽃밭이라도
꺼지지 않는 등불 하나 환하게 켜들고
당신의 언약을 기다리겠습니다.

아나돗*의 눈 무른 선지자처럼
펄펄 끓는 기도로 사랑을 꽃피우겠습니다.

나의 숨 막히는 이 설렘이
사과처럼 발갛게 익어가는 열매이도록
봄, 여름, 가을, 겨울 눈물이 되겠습니다.

* 눈물의 선지자 예레미야의 고향

번제燔祭

한 입 베어 물린 초승달이
소슬한 밤에 진다

꽃무늬로 장식된 허울의 성
검은 피로 물든 땅을 보며

어둠이 짙어가는
교회당 꼭대기 십자가에서
깡마른 손으로
불꽃 돋우는 메시야

여기저기
비명으로 지는 꽃들을 보며
휘황한 떡 한 덩이
찢기고 상한 몸을 태운다

푸른 숨결로 되살아 올
속죄양의 피
아직도 첨탑 위에 뜨겁다.

염원

밤에 뒤척이다 벌떡 일어날 때가 있습니다
거친 모습, 돌 같은 마음, 함부로 내뱉은 말
알면 얼마나 많은 사람들이 실망을 할까
가슴이 덜컹 합니다.

수없이 맘먹지만 버리지 못하는 오만
노상 비우지 못하여 얻는 상처와 아픔들
복사꽃 필 때에도 소리 없이 울었습니다.

언제쯤 단비가 흡족히 내려
꽃 한 송이 피울 수 있을까요
어떻게 해야 많은 사람을 더 사랑할 수 있을까요
발을 구르며 후회해도 돌이킬 수 없는 허물
비린내 나는 속을 구석구석 훑어봅니다.

한창 푸른 나이에 부름 받았습니다
사람들 속에 섞여 밤을 새워 기도했습니다
바위 위에 떨어진 씨앗처럼 외로웠습니다
자신을 이기고 거듭나는 일이 힘들었습니다.

죽고 다시 태어나야 감당할 수 있는 일
실눈을 뜨고 죽은 체하며 남을 속였습니다.

이제 더 이상 지체할 수 없습니다
동그랗게 눈을 뜨고 어둠과 싸워야 됩니다
머리를 맑게 하고 체온을 높여
많은 이들의 아픔을 내 것으로 삼아야 됩니다.
그러기 위해 머리맡 봉지 속의 약처럼
날마다 신약을 꺼내 먹어야 됩니다.

누가 보든 안 보든
다만 그 만을 가슴에 품고.

사해*

— 엔게디에서

그 흔한 고깃배 한 척 갖지 못했다

엔게디의 샘은 솟구쳐 거친 땅을 적시는데
황량한 곳에 누워 돌처럼 깊은 잠에 빠져 있다

다윗의 피난 굴에는 격한 목마름이 타고
갈매기 한 쌍 띄우지 못하는 해변에는
죄 없이 도주하던 선지자의 애절한 절규와
추격자의 말발굽 소리가 울음 젖고 있다

갈릴리 생수는 끝없이 흘러내리고
헐몬의 바람이 천년을 달려와 살갑게 안겨도
깨우침 없이 그저 단물만 빨며
세월만 졸이고 있는 저 냉담한 바다

넓은 가슴에 물고기 한 마리 키우지 못하고
늘- 공으로 받고 나눌 줄 모르는 파렴치한이다.

* 사해(Dad Sea) : 이스라엘의 내륙에 있는 바다

"놔둬라" 사랑 이야기

아들만 넷 둔 문 권사 집 문간방에는
어린 것들 넷 둔 젊은 과부가 세 들어 살고 있습니다.
젊은 과부는 부업으로 가짜 꿀 장사를 하는데
박스공장에서 일하고 들어오면 저녁에
가마솥에 꿀 두어 병 넣고 주걱으로 물엿을 휘휘 젖습니다.
밤늦도록 젓다 피곤해서 조는 모습이 안쓰러워 매 번
문 권사가 주걱을 받아 젓고 있으면
막내아들이 농으로 가끔 퉁을 놓습니다.
"어머니는 권사님이 돼 가지고 가짜 꿀을 만들어요!"
"그럼. 어떻게 하냐. 저 어린 것들 먹여 살려야지!"
늘 젊은 과부를 감싸고돌며 꼭 자기 손주들처럼
어린 것들 돌보느라 여념이 없습니다.

젊은 과부는 쥐꼬리 만 한 월급에 가짜 꿀 장사도
시원치 않아 아이들 등록금 나올 때마다
문 권사에게 돈을 빌리며 매번 같은 말을 합니다.
"미안해서 어떻게 해요? 권사님!"
"괜찮다. 어린 것들 공부는 시켜야지. 이자나
꼬박꼬박 잘 챙기거라."

어느 날, 구십이 넘은 문 권사가 쓰러졌습니다.
병원에 가보니, 만성 당뇨에 심부전까지 겹쳐
가망 없으니 집에 모시고 가서 보내드릴 준비하라고 합니다.
박스공장에서 돌아온 젊은 과부가 밤에 가짜 꿀을 만들다
그 소식을 듣고 안방으로 들어와 문 권사를
붙들고 통곡을 합니다.
"권사님. 그동안 주신 사랑, 받은 은혜 너무너무
감사합니다. 권사님은 우리 친정어머니 보다
더 진짜 내 어머니셨어요. 빚도 못 갚았는데… 흐흐흑…"
살 섞인 식구보다 더 애절한 젊은 과부의 어깨에
슬픔이 출렁입니다.

젊은 과부가 나간 뒤, 막내아들이 문 권사에게 묻습니다.
"어머니. 문간방 여자에게 빌려준 돈이 얼마예요?
액수나 알아야 나중에라도 받지요."
그러자 문 권사가 눈을 똑 뜨며 마른입을 엽니다.
"놔둬라. 어린 새끼들하고 살기도 힘든데.
너희들까지 힘들게 하지 마라."

먼 길 떠나는 날 아침,
문 권사가 젊은 과부를 불러 통장 둘을 손에

쥐어주며 말합니다.

"이거는. 그동안 너한테 받은 이자 모은 돈이고 이거는 내가 너 주려고 따로 모은 돈이다. 힘내서 애들 잘 키워라. 그리고… 너 오늘부터 내 딸 하면 안 되겠나?"

"네. 권사님… 어머니! 엉엉…"

양딸의 손을 잡은 문 권사가 아들들에게 마지막 말을 건넵니다.

"얘들아! 내가 가더라도 이 사람 잘 부탁한다."

"예, 어머니 잘 알겠습니다."

얼어붙은 땅에 따끈한 햇살 한 줌이 뿌려지는 순간입니다.

"하늘가는 밝은 길이 내 앞에 있으니…" 교우들의 찬송을 들으며 문 권사가 자는 듯 눈을 감았습니다.

구름 위에 지은 집

소나기 그치고 무지개 떠
가슴이 팝콘처럼 터지는 날
신발 끈 졸라매고
행복의 촉수를 높이며 달렸다

오색의 부신 꿈은
시침을 떼며 달아나도
스승을 판돈이라도 거머쥐려는 유다처럼
목련꽃 터지기 전에
벌건 눈으로 새벽을 달렸다

숱한 눈발과 빗발에 곤죽이 되고
적과 전선이 없는 싸움에
피투성이가 된 후에야 알게 된
공갈빵 같은 세상
박수갈채도 별 것이 아닌 걸
잠자는 곳이 구름 위의 집인 걸 알았다

여기서 집짓는 일이
바람 움켜쥐는 일인 걸
내 집은 여기 없고

더 멀고 높은 곳에 있다는 걸
아는데 반백년이 걸렸다.

광야의 당아새

질척한 어둠이
가슴으로 깊어지면
저보다 더 슬픈 달 속에서
미완의 언어를 새김질 한다.

꼿꼿이 서서 죽은 나무에 앉아
빈집에 우수를 뿌리며
홀로 비애를 물고 씹는 새.

젖은 목청을 뽑아
밤새도록 철쭉꽃 같은 울음을 울다
해오름이면
모략과 허영이 견고한 성으로 간다.

허물진 쭉지로 광야에 뜬 부표

붉은 속 토혈로 비워내며
밤마다 둥지를 떠나
알 깨고 거듭나고 싶어서 운다.

사랑만 남게 하소서

물려받은 옥토에 잡초가 무성하다
다 들여다 볼 수 없는 고랑 구석구석
땀 흘리며 갈아엎고 돌 고르며 애써도
야성이 강한 것들만 속수무책으로 영근다.

깃털보다 가벼운 의지는 무정과로 떨어지고
묻지 않아도 솟구치는 수치와 의문만 남아
밤마다 고개 들어 푸른 별만 우러른다.

허공에 십자가는 밤에도 뜻이 선명한데
옥토는 일월日月에도 날로 거칠어
참회록에 줄줄이 열거된 죄상처럼
어둠만 몰려와 채곡히 쌓인다.

허욕, 집착, 갈등, 분노, 미움, 사랑…
흙속에서 검은 벌레들이 우글거린다
백로는 훌쩍 떠나고 까마귀가 서성인다.

뿜을 내도 연유 모르게 시린 바람 밭
난무한 싸움에서 스러져 가만히 빌어본다
"아버지시여! 쓴 뿌리는 모두 제거되고
부디 마음밭에 사랑만 남겨 주소서!"

슬픔에게 감사한다

슬픔은 강물이다.
흐를수록 깊어져 소리가 없다
슬픔은 바위덩어리다. 아버지 어깨처럼
천 근 만 근 무거워도 말이 없다

내가 열다섯 살 때에는
산발머리 흔들어대며 몸부림치는
수양버드나무를 보며 슬펐다
빨랫줄에 앉아 떠는 참새 한 마리에도
마음이 아프고 서산마루에 부유한
노을만 보아도 공연히 슬펐다

콩나물시루 버스를 타고 통학할 때도
모든 학업을 무사히 마치고
외진 산길을 혼자 걸어올 때도 슬펐고
취직되어 어머니 삐쩍 마른 손을 놓고
고향집을 떠나올 때도 슬펐다

수많은 사람의 숲을 지나
사랑하는 사람을 만나 보금자리를 꾸미고
아이들을 키울 때는 더 슬프고 아팠다

사랑해서 슬프고, 잘 커줘서 슬프고
더 잘해 줄 수 없어 슬펐다
아버지 돌아가셨을 땐 곱으로 슬퍼
내 속이 열 길 강물보다 깊어졌다

굽은 물길 돌아 흘러가며
슬픔이 나를 키우고 사람으로 만들었다

이제 겨울나무로 서서 먼 산 바라보며
슬픔이 슬픔에게 감사한다
거친 밭에 만발한 기쁨의 꽃들을 바라보며
봄날 같은 오늘에 감격한다

꽃들아! 슬픔은 나 혼자만으로 족하니
부디 너희들은 슬픔을 모르고
기쁘게만 살아가다오. 살다가
혹 슬픔이 찾아왔을 땐. 원망도 절망도 말고
슬픔이 나를 키우러 왔다고 생각하고
슬픔에게서 많은 것을 배우고 얻거라

슬픔의 열매가 기쁨이니까
우린 슬픈 만큼 행복해지는 거니까.

애장愛葬

비단옷에 꽃신을 신고 살아도
밤엔 꽃잠을 못 자네.

서쪽하늘로 해가 지워지듯
아득히 소멸된 시간
집을 떠나는 꽃이 피울음이네
강 건너 소쩍새만 애가 끓네.

돌아올 수 없는 곳으로 가네
학이 내리지 못하는 강을
어린 것이 혼자 건너가네
베옷 입고 달 되러 가네.

갈댓잎에 고추잠자리 잡던 아이
가슴에 못 박아 놓고
애간장 다 태워 먹고
꽃구름 타고 달 되러 가네.

지란이 무성히 돋은 곳에
눈물 몇 방울 목메어 묻고 오네.

남북 사랑

눈에서 눈으로 길이 트여
가슴과 가슴이 하나 되는 일이다.

북촌에서 반가운 편지가 오고
남녘에선 따뜻한 바람이 불어와
굳은 흙이 풀리고
샛강의 얼음장이 녹아 흘러
꽃이 피고 새 아이가 태어나는 일이다.

갈고 씨 뿌린 거친 땅에서
알곡은 티 없이 무르익어 굵고
까르르 잃었던 웃음소리 다시 솟아
끝없이 푸른 하늘에 가 닿는 일이다.

열렬한 세월에 모든 것이 불타도
불사조처럼 유일하게 살아 사는
슬프도록 거룩한 기쁨 한 송이.

괴로워도 짐짓 웃으며 달게 받는
먹먹하도록 가슴 벅찬 혼이다.

자막의 합성

삶이 쉼없이 자막으로 스치듯 지나간다
열정도 화려함도 설레임도
푸른 잎 돋는 날도 낙엽 지는 날도
자욱한 물안개 속으로 흘러가
푸른 강물이 되고 하얀 그리움이 된다.

산그림자 내려오는 속도로 한 컷 한 컷 다가와
잡아 맬 겨를도 없이 어둠으로 사라지는 풍경들
바람이 나뭇가지를 스쳐가듯
물총새가 날갯짓하며 수면 위를 지나가듯
우리들 시야에서 노을처럼 저물어 간다.

어떤 것은 환희의 음악 한 소절이 되고
어느 것은 저미는 슬픔 한 가락이 되어
종종 먼 곳에서 잡힐 듯 손짓하는 기억들
부디 남은 날 흐느끼는 일이 없도록
낙타 무릎일 때까지 염원할 뿐이다.

매일 무엇이 그토록 아련한 것일까
구름이 가득한 파란 눈망울 속의 파문

눈부신 햇살을 등에 가득 얹고도 그 때
가슴에서 일던 바람 한 자락이 그리울 뿐이다.

아직도 울릴 새벽 종소리는 멀고
어둠을 가르고 솟을 태양은 아득해도
굵은 손마디로 움켜쥔 애틋한 순간들이
가슴까지 우려지는 차 한 잔처럼 따뜻하다
하루 하루 모든 순간이 그냥 감격이다
세한도 같은 삶이 자막처럼 지나가고 있다.

두만강에서

저것은 우리의 반 조각 몸뚱아리
손 내밀면 곧 닿을 듯한데
나무 한 그루 없이 벗은 산이 춥다

뜨겁던 우리의 민족애는
모진 맞대결로 무너지고
역겨운 논쟁과 토욕으로 찢어진 살과 영혼
살점을 도려내듯 마음만 아프다

지천으로 피던 꽃들 보이지 않고
사공의 노래도 인적도 끊긴 채
이제 뱃삯과 차표가 있어도
건너갈 수 없는 황망한 나루에
흩날리는 눈발 더욱 서럽다

단숨에 뛰어넘을 것 같은 물 너머로
햇살마저 떨며 달아나고
부러진 아카시아나무 가지 끝에서
이름 모를 새는 외롭게 울고
한 발 한 발 자꾸만
멀어지는 발걸음 야속한데…

아직도 개벽의 아침은 멀고 아득한 밤
이지러진 달 아래 강물도
옥수수 밭 사이로 따라오며 울었다.

* 도문에서 북한의 남양산을 본 후 이도백하로 향하며

눈 오던 날

귤 몇 개 놓고 팔던
할머니가 얼어 죽은 날 밤

뇌성마비로 누워있는 아들이
오만 원 짜리 월 셋방에서
저녁도 굶은 채
눈이 빠지게 노모를 기다리다 밝은 아침
눈이 오사허게* 내렸다

구청 직원과 요양사가 와서
아들을 보호 시설로 데려가려고
들것에 옮겼을 때
침대보 밑에서 백오십삼 만 원과 편지가 나왔다

"나가 죽거들랑 화장 허서
우리 아들 가는 집 가까운 산에
꼭 좀 뿌려 주시오!"

아들이 셋집을 떠나던 날 아침에도
눈이 오사허게 내렸다.

* 오사허게 : "엄청나게"라는 전라도 사투리

해에게 묻는 이성

노을빛 붉은 고개 너머
어둠으로 건너가고 있는 저녁
한 송이 불꽃으로 훨훨 타며 하루가 간다

강물은 실개울에서 바다로 가고
날은 빛에서 어둠으로 가며
사람의 영혼은 무상을 타고 하늘로 간다

사람 잘되는 꼴 못 보고 종일 투기로 질척이는 날
애착으로 혼이 흐려져 오감이 고통하는 날
머릿속이 하얗게 비워지며
혼이 나락으로 떨어지는 절망의 날

해가 가는 어둠 너머엔 어느 세상이 있을까
어디, 한 대접 벌컥벌컥 들이마시고 나면
모든 시름이 사라지는 생수가 솟는 땅은 없을까
날 한 줌 베어 먹고 달아나는 해에게 물어봐도
해마다 꿩 구워 먹은 소식이다

답이 제 속에 들어있는 줄도 모르고
해 탓만 하며 꿈꾸고 있는 이성.

해망동* 사람들

좌판대에 걸터앉아 멍게 한 입에 소주 두 병을 마셔도 취기가 돌지 않습니다. 말똥말똥한 눈으로 바다를 째려봐도 이 곳 저 곳 끝이 안 보입니다. 어시장 좁은 골목까지 잠입했다가 가난을 눈치채고 재빨리 빠져나가 저 만치 물러선 바다는 어둠 속에서 검은 손을 쌀쌀 흔들어대고 있습니다.

외줄에 달린 광대의 목숨보다 더 나을 것이 없는 삶입니다. 바람 한 줄기에도 위태한 목숨이요, 물방석에 가시 돋친 인생입니다. 바다에서 뱃일로 곤죽을 치루고, 물 밖에서 고립으로 비린내를 씹는 김씨, 단칸방에서 기다리고 있을 어린 자식들이 줄줄이 떠오릅니다.

사흘 만에 들어가 식은 구들장에 몸을 뉘니 뼈 속까지 시립니다. 콩나물처럼 죽죽 자라야 할 아이들이, 곧 배를 쥐고 한 이불에서 꼬부라져 자고 있습니다. 지그시 눈을 감고 이리저리 가늠해 봐도 대책이 서지 않는 살림입니다. 아무리 뒤집어 봐도 안팎으로 다를 것이 없는 형편에, 희망은 꽁꽁 숨어 찾기 어려운 숨바꼭질입니다.

뻑뻑 빨아대는 줄담배 연기로 콜록거리며 돌아눕는 아내의 거친 숨결에, 서둘러 담뱃불을 분질러 끈 김씨는, 작은 기척에 급히

문을 열고 바깥 날씨를 살핍니다. 실바람만 불어도 배가 출항하지 못할까 가슴이 철렁한 해망동 사람들 짠 내에 저려진 가난이 바다처럼 쉬지 않고 출렁입니다.

* 해망동 : 군산에 있는 바닷가 어촌

낙엽에 쓰인 편지

낙엽 한 잎이 편지 한 장입니다.
조리개를 단은 채 햇볕을 주워 먹었는지
오그라든 잎에 손끝이 닿을 때마다
바스락! 신음소리가 납니다.

지이드와 위고의 글을 읽고
예이츠와 디킨슨의 아름다운 시를 읽던
늙은 은행나무 아래 의자에 앉아
낙엽에 쓰인 편지를 읽고 있습니다.

노랗게 써내려간 사연이 섦습니다.
깃털 보다 가벼운 생이었지만
아름다운 세상 너를 만나 행복했다고
떠나지만 영원히 사랑한다고…
실핏줄 사이로 빼곡히 써내려간
생생한 기억들이 벌떼처럼 기어 나와
귀 기울인 가슴을 가만가만 뜯습니다.

휘휘! 아이들이 휘파람불며 지나가는 언덕 위로
어느 새, 만삭의 달이 솟고
고요는 먹물처럼 귀뚜리 우는 골목길로 갈앉고

땡볕 아래 말린 맨몸 위로
함께 했던 날들이 허옇게 지워지고 있습니다.

꼭지가 말라붙도록 진액을 짜 먹이고
한 마디 생색도, 원망도 없이
오롯이 떠나는 네 뒷모습
멀리 호수가 내려다보이는 은행나무 아래에서
컹컹! 삽살개 달 짓는 소리 들으며
노랗게 물든 편지, 혼자 읽습니다.

치매

보름달처럼 밝던 총명이
맹견의 송곳니에 뜯기고 있다.

기억 한 송이 놓지 않으려고
아침에는 콩을 세고
오후에는 노래를 부르거나
아들, 딸, 손주 이름을 외우지만
자기 이름도 까맣다.

파꽃이 열렸다 닫혔다 하며
바람에 꽃가루가 다 털려나고
초승달조차 점점 희미해져 간다.

검은 덕석 손에
호두알 되신 어머니 얼굴.
다 비우고, 다 지우고
순지純紙가 되고 있는 중이다.

꽃구경 마치시고
집으로 돌아가고 있는 중이다.

■ 작품해설

시집(詩集) 『다 읽어도 남은 편지』의 시(詩) 세계

손 기 영
서울대학교, 충남대학교 인문대학장. 문학박사

1. 관조(觀照)의 시선

시는 문학의 왕관이며 첫사랑 같은 것이다. 한 눈에 들어오는 몇 줄로 단숨에 가슴을 뒤흔드는 교감이 이루어져 일생 잊을 수 없는 기억이 되거나 인연이 이루어지기 때문이다. 미인은 스스로 구하지 않아도 많은 사람의 사랑을 받는 것처럼 아름다운 시도 절로 많은 사람의 관심과 주목을 받게 된다. 물론 독자가 내 마음을 꿰뚫어 보고 있는 것 같고 내 삶을 달관하고 있는 것 같은 소통과 공감의 시 한 편을 얻는다는 것은 천우신조가 없이 불가능한 일이다. 그래서 노력도 일조(一助)하나 그것보다는 시인은 천부적인 재질이 있어야 한다. 즉 기교는 자습의 연마로 가능하나 직관적 감각과 능력은 천성적 자질이 있어야 가능한 것이다. 어떤 시는 수채화를 보는 것 같고 어떤 시는 화려한 일몰을 바라보고 있는 철학자의 만감의 심정을 보는 것 같은 시월의 시가 그렇다.

초당에 뜬 만월, 휘황한 침묵이다.

머언 달집 속에 말 없으신 어머니
소리 한 잎 떨어지지 않지만
유정한 웃음, 만면에 가득하다.

서러워라! 가슴 베어내듯
달비에 목을 세운 벌레 소리
꽃그늘에 점점 붉어 젖고

풀섶에 가녀린 아랫도리 적시며
어둠을 밟고 홀로 오시는 길

잘박잘박 달빛 밟는 소리 아릴 때까지
못 잊어라! 두고두고 띄워보는 얼굴이
두둥실 눈물겨운 만월이다.

―「만월」 전문

 밤에 달을 보며 어머니를 그리는 감성적 자아의 시선에 들어온 만월이 핵심 제재이다. 현실에서 이룰 수 없는 상황이지만 시인의 독자적인 서정적 프리즘을 통하여 모정의 해우를 구체화시킨 예술적 작품이다.
 얼마나 수많은 사람들이 둥근 달을 보며 꽁지를 물고 일어나는 사연이나 사람들을 생각하며 그리움을 버리지 못 하는가? 그 행로가 어둠의 강이었을지도 모르지만 시인은 만월을 보며 그 기억의 중심에 만인의 공통분모인 어머니를 떠올린 것이다.
 이제나 저제나, 살아서나 죽어서나 말 없으신 어머니, 가난과

역경에도 그 고통이나 애절함을 침묵으로 일관하신 어머니에 대한 동경이 초당에 뜬 만월처럼 휘황하다. 한 행 한 행 의미를 더듬어가다 보면 자신도 모르는 사이에 최면에 걸린 듯한 황홀감에 빠지게 된다. 모든 행이 하나의 주제로 통일감을 이루며 빈틈없이 짜여 있다.

휘황한 침묵/ 달집 속에 말 없으신 어머니/ 만면에 가득한 미소/ 가슴 베어내듯/ 달비에 목을 세운 벌레 소리/ 가녀린 아랫도리 적시며/ 어둠을 밟고 오시는 길/ 잘박잘박 달빛 밟는 소리 아릴 때까지/ 두고두고 띄워보는 얼굴이/ 두둥실 눈물겨운 만월이다/

간결하면서도 풍부한 애상. 짧으면서도 긴 여운의 느낌, 생소한 어구와 조어가 전혀 어색하지 않게 소통된다. 문우라면 아낄 수밖에 없는 작품이다.

2. 자아지향의 시선(詩仙)

인간은 지상의 존재 중에 가장 고등한 존재로 가치나 의미를 중시하는 내면적 지향성을 갖고 있다. 의식주의 풍요로 만족하지 못하고 항상 이상을 품고 그것을 동경하고 꿈꾸며 실현코자하는 심적 갈등과 고통이 있다. 그 갈등과 고통은 원대한 포부를 희구하는 사람일수록 더욱 크다. 허구적인 삶 속에 매몰된 사람은 상상 못할 일이나 그런 진통 속에서 진주와 같은 산물이 나온다.

> 질척한 어둠이
> 가슴으로 깊어지면
> 저보다 더 슬픈 달 속에서
> 미완의 언어를 새김질 한다.

꼿꼿이 서서 죽은 나무에 앉아
빈집에 우수를 뿌리며
홀로 비애를 물고 씹는 새

젖은 목청을 뽑아
밤새도록 철쭉꽃 같은 울음을 울다
해오름이면
모략과 허영이 견고한 성으로 간다

허물진 쭉지로 광야에 뜬 부표

붉은 속 토혈로 비워내며
밤마다 둥지를 떠나
알 깨고 거듭나고 싶어서 운다.
  　　　　　　　　　　—「광야의 당아새」전문

  비가시적 자아의 실존을 가시적 자아로 풀어내려면 형상화가 필요하다. 그러기 위해서 사물이나 현상을 의인화시켜 은유하는 것이 시이다.
  모든 사유인의 화두가 자아(自我)인 것처럼 시인의 일생의 화두도 자아(自我)이다. 일생을 두고 또 다른 나를 찾고 이루기 위해 고뇌하는 자아가 일독(一讀)으로 확연히 알 수 있다. 그것이 육체와 별도로 존재하는 종교적인 영혼의 개념이든 아니든 인간의 뇌구조가 단순한 생명의 창조물이 아니기 때문에 인간은 이상적인 자기실현이나 의미를 위해 꿈을 꾸고 노력하고 고뇌한다. 광야의 당아새는 이런 내면적 갈등과 고통을 독자성 있게 표현한 작품이다.

이 시는 현대시의 주류가 되는 유형으로 시의 작법상 벌써 성공했으며 외부 묘사에 구체적인 표현과 추상적인 의미의 언어까지 내포되어 있어 문학적으로 작품성과 예술성이 뛰어나다. 경험적인 지식이 없이 쓰기 불가능한 시이다.

어둠이 가슴으로 깊어지면/ 슬픈 달 속에서 미완의 언어를 새김질 한다/ 죽은 나무에 앉아 빈집에 우수를 뿌리며/ 홀로 비애를 씹는 새/ 이 모두가 어린 시절부터 사물을 주의 깊게 듣고 보며 세심한 관찰력을 통해서 얻은 외부 묘사가 휘황하게 표현되어 있다.

낮이면 모략과 허영이 견고한 세상에서 쫓기고 시달리며 살다가 밤이면 서서 죽은 고목나무에 찾아와 밤새도록 철쭉꽃 같은 울음을 뿌리며 내면 속의 자아를 찾는 새, 알 깨고 거듭나고 싶어 고통하는 새, 이런 자아를 시월은 당아새로 은유하고 있다.

당아새는 소쩍새에 가까운 새로 비애나 그리움이나 염원을 토해내는 새이다. 이런 사유는 기독교의 중생, 곧 거듭남의 사상과 일치한다. 그것은 단순한 MIND의 변화가 아닌 SPIRIT의 변화 곧 영혼의 변화를 뜻한다. 종교인이 아니더라도 이런 꿈을 꾸겠지만 신앙인에게는 그것이 더욱 절실하고 절박할 것이다. 변화도 구원도 고통이 없이 불가능하기 때문이다. 시월의 이러한 희구도 마찬가지이다.

> 누워있다가도 벌떡벌떡 일어납니다/ 언제나 마른 흙에 흡족한 비가 내려/ 아름다운 꽃 한 송이 피울 수 없을까요// 비린내 나는 속을 구석구석 훑어봅니다// 자신을 이기고 거듭나는 일이 힘들었습니다// 동그랗게 눈을 뜨고 어둠과 싸워야 됩니다.
> ―「염원」에서

3. 꿈꾸는 시인의 시향(詩鄕)

제조된 사물의 출처가 있듯이 인간을 본질로 하는 시의 과방(果房)은 어디일까? 문화란 인공이 가미된 것을 말하며 문학이라는 산물도 그 범주를 벗어날 수 없다. 그래서 그 내용을 눈여겨보면 대게 살아가는 일상이나 환경과 상황에 연루되어 있다.

일상이란 매일 반복되는 비슷한 사건이나 상황을 통해 이뤄진다. 그 일상의 반복을 통해 삶이 형성되고 이상이 구현되며 시도 만들어지는 것이다. 하나의 써클을 형성하듯 윤회적으로 무상한 시간과 공간이 흘러가지만 거기서 얻어지는 반복과 교환과 감정을 통해 시문학의 골격이 생기고 풍부한 미적 잉여물로 권태와 질환을 뛰어넘는 소산이 출산되는 것이다.

　　고향에 가면 고향이 없다

　　물정(物情)에 초연(超然)한 아버지
　　농삿일에 바지런한 어머니 다 안 계시고
　　벌써 물 건너간 세습의 땅은
　　주인이 누군지도 모른다

　　낙락(落落)한 당산 소나무
　　새 길이 나며 어디론가 팔려가고
　　공단(工團)이 들어서며 뻐꾸기도 떠났고
　　집들이 털리며 참새도 사라졌다

　　어쩌다 들르면
　　푸석이 박제(剝製)된 가슴으로
　　부절(不絶)한 바람만 훑고 지나간다

　　　　시방 고향에 가면 고향이 없다.
　　　　　　　　　　　　　　―「실향」전문

　만인이 소통하고 공감하는 시제 중의 하나가 또한 고향이다. 고루한 소재로 성공하기 어려운 주제이지만 단지 13행의 피력으로 고등한 감동을 풀어냈다. 시대가 변하고 사람도 낡아 기억 속에 매몰된 고향이지만 시인도 결국 현상계로부터 벗어날 수 없는 존재이기에 긍정적이든 부정적이든, 세속적이든 성스러운 것이든, 희극적이든 비극적이든 오늘의 나를 이룬 시원(始原)으로 역류할 수밖에 없는 것이 시작(詩作)의 현실이다.
　물정에 초연한 아버지/ 농삿일에 바지런한 어머니/ 벌써 물 건너간 세습의 땅// 낙락한 당산 소나무/ 뻐꾸기/ 집/ 참새 등 이런 경험적 재원들이 찬란한 기억의 파동으로 고리처럼 연결되어 시가 만들어졌다. 이렇게 시의 출생은 실존적 체험이 흐르고 전이되고 형성되어 독자와의 소통과 공감으로 이어지는 것이다.

　　　　텃밭에 선 큰 은행나무 그림자가
　　　　온기 없는 방에 깊숙이 들어와
　　　　진펄의 삶에 겨운 용안을 지우다.

　　　　출구도 없는 공간에 소진된 몸으로 누워
　　　　일상을 잇는 노련한 침묵과 평온
　　　　목숨 하나 풀잎 끝에 물 한 방울인데
　　　　숨구멍 하나로도 감격이시다

　　　　모든 흥과 노래를 접고

> 달이 지는 속도로 일어서고 눕는
> 어눌한 거동에도
> 젖은 눈매와 또렷한 시선이
> 한 줄 의지 끝에 수직으로 솟구쳐 있다.
> ―「병상의 시선」 전문

-어머니의 병상에서- 라는 부제가 있는 이 시는 시인의 마음에 간절하게 다가와 있는 현실적 대상을 토대로 했다. 평생 농삿일을 낙으로 삼아 바지런하셨던 어머니가 이제는 세월이라는 항거할 수 없는 시간에 밀려 누워 서서히 마지막을 향해 흘러가는 모습을 보며 안타까워하는 심정이 고도의 상상을 필요로 하지 않고서라도 얼마든지 절실하게 독자에게 전해진다. 큰 은행나무, 진펄의 삶, 겨운 용안, 소진된 몸, 노련한 침묵, 풀잎 끝에 물 한 방울, 어눌한 거동, 수직으로 솟구친 시선 등이 모두 애절한 어머니를 비유한다. 생동감 있던 일상의 시간이 멈춰버린 듯한 회한의 공간에 흥과 노래가 접힌 "어머니의 생애"와 "나"의 생애가 과거와 현재와 미래의 고리로 연결되어 있기에 침묵과 상념이 공감으로 묶인 된다. 이렇게 삶이 영위되는 일상적 체험이 시의 발생론적 기원이 되는 것이다.

4. 소명적 인간애(人間愛)의 지향

보편적으로 시는 몽상가적이거나 자조적이기 쉽다. 몽상가적이라 함은 단지 감성적인 면에 치우치거나 자기도취에 몰입되어 객관화 된 정체성이 없이 신비감에 치우치는 것이다. 그래서 이질적이고 공감할 수 없는 정신세계에서 홀로 유영하는 실존과 전혀 동

떨어지거나 무 대처로 일관하는 유형의 시를 이룸으로 일반인의 접근을 거부한다. 그래서 주관성만 있고 객관성이나 소통이나 공감을 전혀 참고하지 않은 작가의 고립성만 매립된 시가 있다.

자조적인 시라 함은 후반의 삶을 적극적으로 대처하지 못하고 자신도 모르게 내재된 비애감이나 어두운 심상이 나타난 작품을 말한다. 이런 자연스러운 심리적 변화를 누가 나무랄 수는 없으나 시란 문학적 예술성이나 높은 뜻으로 발돋음 해나가야 한다. 즉 철학적이거나 종교적인 어떤 깊은 뜻을 담아야 훌륭한 시가 된다.

        조기 살 발라먹을 힘도
        새벽 단잠도 다 빼앗겼다

        수 만장의 물음표를 달고
        가볍게 떨리는
        추억이 무거운 사람
        눈 꼬리 풀린 동공에
        흰밥도 꺼억꺼억 넘어간다

        이리 저리 다니며 세월만 축내고
        먹물을 뒤집어쓰고야
        비로소 은거(隱居)하는
        거무죽죽한 오징어로 갇혀
        웃어도 웃는 게 아닌 얼굴로
        머언 하늘을 본다

        얼마나 더 뜨거운 물에 달여져야
        향이 깊은 사람이 될 수 있을까

꼬리 짧은 세상
후들후들 외다리 건너온 사람
눈부실 은빛 세상을 꿈꾼다.

―「은사시나무」 전문

시인의 수준이 잡혀있는 완벽한 작품이다. 시를 보면 말은 안 해도 그 시인이 몇 점짜리라는 걸 다 안다. 이 시를 보면 자조적인 단어의 나열이 반복된다. 초두부터 노년의 헛헛한 일상이 그려진다. 소진된 힘, 빼앗긴 단잠, 눈꼬리 풀린 동공, 꺼억꺼억 넘겨야 되는 밥, 축낸 세월, 뒤집어 쓴 먹물, 웃어도 웃는 게 아닌 얼굴 등의 구절 등이 나와 염세적인 성향의 인상을 주는 듯하나 후반부에 의식의 발전이 있다.

웃어도 웃는 게 아닌 얼굴로/ 머언 하늘을 본다 // 얼마나 더 뜨거운 물에 달여져야/ 향이 깊은 사람이 될 수 있을까// 후들후들 외다리 건너온 사람/ 눈부실 은빛 세상을 꿈꾼다.

땀과 눈물로 얻은 게 결국 쇠약과 소외감과 허탈뿐이지만 시인의 시선은 현상학적인 이 지상만 바라보고 있지 않고 향이 깊은 사람이 되기를 소망하고 또 다시 미래의 눈부실 세상을 꿈꾸며 도모하고자 한다. 그것이 철학적이든 종교적이든 그런 건강한 신념이나 신앙이 그 내면을 장악하고 의식의 흐름을 주도하고 있는 것이다.

힘겨워 웅어리진 삶이지만
죽어있는 시계처럼 지낼 순 없다

이끼도 꽃을 피우고

쥐눈이콩 꽃도
사립문 움켜쥐고 기어올라
꽃사슴처럼 산 넘어오는
아침 해를 기다리는데
바람 소리 푸른 세상에서
우울로 세월을 박음질할 수 없다

한 시절의 풍요가
구름처럼 빠져나간 들녘에 나가
통통하게 익은 달 하나 꿈꾸며
언 땅에 피어난 들꽃을 본다
떨다 깬 찌르레기 소리 들으며
숨겨진 불씨 하나 찾는다.
　　　　　　ㅡ「이끼도 꽃을 피우고」 전문

  이 시에도 인성의 조율과 승화가 나타나 있다. 세속적 갈등이나 심적인 고뇌와 고통 속에서도 거기에 몰입되지 않고 사립문 움켜쥐고 기어올라 아침 해를 기다리다 피우는 쥐눈이콩 꽃처럼 겨울 내내 얼었던 땅에서 피어난 들꽃처럼 뭔가 인생 후반기에 피울 꽃씨, 불씨 하나를 찾는다. 지금은 백세 시대라 일선에서 은퇴해도 사오십 년을 살아야 한다. 이 길고 귀한 시간 금값인 제 몸과 인생의 귀한 가치를 깨닫지 못하고 무위로 세월을 보낸다는 것은 고등한 인간으로서 할 짓이 못된다. 더욱이 고급한 자원을 가지고 있는 지식인들이 무늬만 사람인 모습으로 반생을 산다는 건 자신에게도 이웃에게도 직무유기요 못할 짓이다.

  갈등과 고통 속에서도 선명한 주체의식을 가지고 스스로의 삶을 추스르며 가치를 추구해가는 시월은 선천적 기질이나 문학적 성향으로 구원의 끝없는 길을 가며 제 값을 캐내고 있다. 한 시절의 푸르름과 풍요가 구름처럼 썰물처럼 빠져나간 들녘에 홀로 서서 떨다 깬 찌르레기 소리 들으며 가슴 속에 숨겨진 불씨 하나 찾는 시인의 모습이 선연하다.

5. 포용적 인간애와 성찰의 비결

범인의 일상적 시선은 자기중심적 자기애(自己愛)로 향하고 있다. 생이 고단하고 자기 아픔에 직면한 자는 자기 고통으로 심사가 이타적일 수 없음은 인류의 공통분모이다. 시월의 시에도 이런 너울 같은 내면이 있다.

> 눈물이 짜디 짠 걸 보니
> 내 속에 바다가 있다
> 사계절 바람이 일고 파도가 친다
>
> 고통을 향하여 치닫는 시름이
> 밤마다 거칠게 내달려 와
> 염통에서 하얗게 부서진다
>
> 잊은 듯 잊히지 않고
> 가신 듯 가시지 않는 회한이
> 밤새 잘그렁거리다
> 반란군처럼 솟구치고 갈앉는다
>
> 흐를수록 깊어지고
> 깊어지면서 소리 죽는 바다에
> 배 한 척 힘겹게 항해하고 있다

    풍파에 황망히 낡아지고 있다

    소리 소문 없는 바다
    멀리 온 줄 알았는데 제자리다
    하늘만 발갛게 물들이고 있다.
    　　　　　　　―「내 속에 바다가 있다」 전문

이 시는 대표작이 될 만한 시이다. 우선 발상이 뛰어나고 연을 잇는 발전도 자연스럽고 상투적이지 않으며 본토의 진입이 아귀가 맞고 마감도 선명하다. 굳이 어려울 것도 없이 누구나 이해하고 공감할 수 있는 시이지만 결코 평이하지 않은 범상한 시이다.

시를 뭐가 뭔지 모르게 쓰다가는 나중에 자기 늪에 빠진다. 어려워도 선명한 주제로 원숙한 시야를 갖고 써야 한다. 시월의 시는 자기애나 고통으로 끝나지 않고 이타적으로 끝난다. 그의 시선과 영혼은 늘 타자의 고통과 고뇌하는 삶에 닿아 있다.

    바람 끝이 찬 늑골에서
    종일 산그늘이 내려오기를 기다립니다
    어둔 달빛으로 피고
    해오름으로 지는 꽃입니다

    꽃들이 태양만 우러른다면
    꽃이 빛으로만 피어난다면
    밤을 일구는 사람들은 얼마나 외로울까요
    달맞이꽃 한 송이 어둠을 털어냅니다

    매일, 저녁이 오기를 기다리는 사람들

망산에 창백한 달이 떠야
비로소 가난을 털며 일터로 나서는 사람들

풀벌레 울음 한 올 한 올 끌어 모아
겹겹이 쌓인 멍울 쓸어내며
깜깜한 곳에 길 하나 트고
작은 꽃등 하나 가슴에 켜 둡니다.
─「달맞이꽃」전문

　자기지향성이 이타적으로 승화된 이 시는 그 정신이 경건하고 바탕에 깔린 사상이 매력적이다. 리듬이 있고 연을 진행하면서 영성의 세계로 들어갔다. 시제의 의미도 깊이를 유지하고 있고 경어체로 쓴 것도 좋으며 4연의 귀결이 딱 떨어진 시이다.
　가난한 사람들의 고단함이 시인의 마음에 아릿하게 스며있고 사역을 하며 목장의 양떼들이 살아가며 겪는 고뇌와 고단한 삶의 일상이 작가의 고통과 안타까움으로 이입되어 있다. 변방으로 밀려나 야간작업까지 해야만 가족 부양이 가능한 빈곤한 노동자들의 애절한 일상이 마치 해가 지고 밤이 되어야만 비로소 얼굴을 열고 피는 달맞이꽃의 야성으로 은유되어 있다.
　같은 대상을 보고 그린 그림도 졸작이 될 수도 있고 명화가 될 수도 있다. 동일한 사건이나 사물을 보면서 쓴 시도 마찬가지이다. 작가의 시선이 얼마나 깊이 있고 높은 곳을 바라보느냐에 따라 시의 품격이나 문학성, 예술성이 빛날 수도 있다. 달맞이꽃은 그 지향성이 이타적이고 포용적 인간애로 모아져 있기 때문에 그 발상이나 전체적인 통일성의 가치가 높이 평가될 수 있다.

6. 성찰의 귀결

시인의 일반적 자기성찰의 귀결은 자아이다. 고행의 걸음으로 의식의 밀림을 가다보면 결국 길 끝에 선 자아에 예측하지 못한 간난신고의 내가 오버랩 된다. 거기서 자득한 자아는 연민의 정서로 바람 같은 자아를 깃털 같은 마음으로 바라보게 된다. 그러나 시월의 시는 다르다. 사유가 무위로 끝나지 않고 이타적 인간애로 발전한다. 쉽지만 결코 가벼운 시가 아니다.

> 등불 하나로 온 하늘을 밝힐 수 있습니다
> 이별 뒤의 밤이 아무리 어두워도
> 당신의 약속 하나로 내 삶은 눈부십니다
>
> 맞바람 속에 끊임없이 흔들려도
> 심어준 꽃씨 하나 품고 키우는 기쁨이
> 언 땅을 뚫고 솟구치는 새싹의 눈빛입니다
>
> 아무리 토박하고 외진 꽃밭이라도
> 꺼지지 않는 등불 하나 환하게 켜놓고
> 당신의 언약을 기다리겠습니다
>
> 아나돗의 눈 무른 선지자처럼
> 펄펄 끓는 기도로 사랑을 꽃피우겠습니다
>
> 나의 숨 막히는 이 설렘이
> 사과처럼 발갛게 익어가는 열매이도록
> 봄 여름 가을 겨울 눈물이 되겠습니다.
>
> ―「언약」 전문

이 시편은 우아한 종교적 품격을 지니고 있다. 잔인한 성찰이 어둠 속에선 고립의 나로 끝나지 않고 그 의지가 선지자적 이상으로 승화되어 있다. 단지 시인의 사적인 욕구가 아니라 등불 들고 어두운 세상을 환하게 밝힐 수 있는 삶을 꿈꾸고 있다. 동토(凍土)가 품은 꽃씨 하나를 터뜨려 언 땅을 환하게 희망의 눈빛으로 밝히는 것처럼 시월도 이 어두운 세상이나 얼어붙은 영혼의 토박한 심전(心田)을 사랑과 기도로 녹여 꽃 피우겠다는 결연한 염원이다.

아무리 어두워도 온 하늘을 밝힐 수 있다/ 꽃씨 하나 품고 언 땅을 뚫고 솟구치는 새싹을 꿈꾼다/ 사과처럼 발갛게 익어가는 열매이도록 사계절 눈물이 되겠습니다/ 등의 구절 속에 정신적 빈곤이 만연한 이 안타까운 시대에 먹구름 소나기가 지난 후에 나타난 무지개 같은 이사야 선지자의 인간애의 심성이 엿보인다. 그리고 그것은 단지 인간의 의지나 내면에서 나온 것이 아니라 신으로부터 부여받은 언약적 소명이 나타난다. 그것은 단지 성취감이 아닌 영적 설렘으로 표현되어 있다.

사랑은 문학의 역사 이래 으뜸의 주제로 자리매김 되어 왔다. 섹스피어의 4대 비극이나 도스토에프스키의 까라마조프의 형제, 테니슨의 이녹 아덴, 바이블, 유불선의 경전 등이 끌어가는 사상이 인간애, 즉 이타적 사랑과 관련되어 있다. 사랑은 단지 문학 뿐 아니라 음악이나 미술의 핵심 주제이며 심지어 자기 야욕을 채우기 위해 정치권력에 이용되기도 한다. 그러나 어떻든 인간의 마음을 감동시키고 뒤흔들 수 있는 가장 큰 주제는 역시 사랑이다. 사실 세심하게 관찰해보면 새들의 노래나 도발적인 춤사위도 사랑을 얻기 위한 의지의 표현임을 알 수 있다. 사랑이야말로 모든 실존의 최고의 가치이다. 시도 다를 바 없다. 그 본질에 사랑이 녹아 들어가야 한다. 단지 개인의 욕정이 아닌 이타적 인간애, 인류애로 발전 승화되어야 공감의 영역을 넓힐 수 있고 훌륭한 작품으로 인정받을 수 있다. 그러기 까지는 물론 땀과 눈물이 필요하고 펄펄 끓는 기도가 필요한 것이다.

시월의 그런 노력이 염원의 시에도 잘 나타나 있다. 누워 있다가도 벌떡벌떡 일어납니다/발을 구르며 후회해도 돌이킬 수 없는 허물/ 언제나 마른 흙에 흡족한 비가 내려/ 아름다운 꽃 한 송이 피울 수 있을까요/ 푸른 나이에 부름받았습니다/ 밤을 새워 기도했습니다/ 이제 더 이상 지체할 수 없습니다/ 동그랗게 눈을 뜨고 어둠과 싸워야 됩니다/ 순정한 마음으로 무릎을 꿇고/ 등의 구절구절에 시월의 인간애와 목자의 심정이 농도 짙게 베어 있다. 오늘도 그는 토박하고 외진 꽃밭에서 각고로 일하며 더욱 이타적인 삶을 구가하지 못하는 자신을 채찍질한다.

> 그 흔한 고깃배 한 척 갖지 못했다
>
> 엔게디의 샘은 솟구쳐 거친 땅을 적시는데
> 황량한 곳에 누워 돌처럼 깊은 잠에 빠져 있다
>
> 다윗의 피난 굴에는 격한 목마름이 타고
> 갈매기 한 쌍 띄우지 못하는 해변에는
> 죄 없이 도주하던 선지자의 애절한 절규와
> 추격자의 말발굽 소리가 울음 젖고 있다

갈릴리 생수는 끝없이 흘러내리고
헐몬의 바람이 천년을 달려와 살갑게 안겨도
깨우침 없이 그저 단물만 빨며
세월만 졸이고 있는 저 냉담한 바다

넓은 가슴에 물고기 한 마리 키우지 못하고
늘- 공으로 받고 나눌 줄 모르는 파렴치한이다.
―「사해」전문

7. 원형적 시학의 가치

  시월의 명상과 사색은 대부분 종교적이다. 그의 시에는 절대자 앞에서 늘 자기완성에 이르지 못하는 철학적 사색이 녹아들어 있고 시적 에너지와 서정적 숨결이 살아있다. 위의 사해라는 시는 성지순례 중 적에게 쫓겨 숨어들었던 엔게디굴에서 소금의 바다 사해를 내려다보며 자신의 내면적 갈등이나 더욱 더 이타적이고 신앙적인 삶으로 발전하고 뛰어넘지 못하는 안타까움을 표출한 작품인 듯하다.
  강이나 바다나 호수에는 많은 물고기가 산다. 먹이사슬로 많은 새들이 산다. 언제나 풍요로운 환경과 양식으로 생명을 키우는 갈릴리 바다에 비해 사해는 어쩐 일인지 새 한 마리 보이지 않는다. 여행자 외에 사람도 보이지 않는다. 위에 있는 갈릴리에서 끝없이 생수를 쏟아 붓는데도 사해는 수천 년 동안 사막에 누워 받아먹기만 하고 생명체 하나 키우지 못하고 있다. 물론 과학적으로 염도가 높아 그렇지만 시월은 그 파렴치한 사해를 자신으로 의인화시켜 고뇌하며 자기반성을 노리고 있는 것이다.

시월의 모든 내면적 사유와 사물을 보는 시선은 철학적 종교적 깊이를 갖고 있다. 대 우주를 보며 막연한 추상이 아니라 살아있는 절대자가 그 안에 존재한다. 그의 고급한 내면적 갈등과 사유의 고통에 그 절대자의 소명에 부합하고자 하는 높은 이상이 있다.

> 연륜으로 이름하지 않고
> 공력으로 유효한 속죄
> 의인은 결코 검은 흙으로 욕되거나
> 땅에 오점을 남기지 않으리
>
> 십자목에 달려 엘리엘리 라마 사막다니
> 팔 벌려 박힌 못자국의 성혈
> 옆구리에서도 처절히 흘렀나니
> 목마른 양떼들 흡족히 내려
> 물려진 허물 하얗게 씻겼으리
>
> 채찍에 피멍이 든 채
> 못과 창으로 파상한 육체
> 혼은 우러러 부끄러움 없으니
> 비록 어둠 속에 묻혔을지라도
> 그의 몸은 성신으로
> 꽃숭어리처럼 피어났으리.
>
> ―「부활」 전문

이 시는 자신의 도량과 노력으로는 도저히 가 닿을 수 없는 성자(聖者)의 속죄사역의 원형질을 담고 있다. 억지나 추상이 가미

되지 않고도 가상(架上)에서 죽음으로써 이루는 성자의 무극한 인류애의 번제(燔祭)를 자기 이상으로 바라보는 신앙적 추앙이다. 극한적 고통 속에서도 이타적 소명을 잃지 않고 뜻을 이루는 성자의 경탄의 모습을 자신의 표상으로 바라보며 사명을 다짐하는 신비적인 명상이다.

허울의 성/ 검은 피로 물든 땅을 보며/ 십자가에서 깡마른 손으로/ 불꽃을 돋우는 메시야/ 여기 저기 비명으로 지는 꽃들을 바라보며/ 휘황한 떡 한 덩이/ 찢기고 상한 몸을 태운다/ 속죄양의 피/ 아직도 첨탑 위에 뜨겁다/ 이상의 번제(燔祭)란 제목의 시에도 그의 영적 갈망이 들어있다. 신성한 삶과 죽음에 감동하고 백합 같은 신성과 부활의 향기를 자신의 것으로 내면화하려는 시인의 의지가 엿보인다. 시월은 몽상가가 아니다. 상상력에 갇혀 꿈만 꾸며 세월을 흘려보내는 사람도 아니다. 성자의 고등한 죽음의 비밀을 깨닫고 성혈(聖血)의 의미와 효과를 구현시키고자하는 고절의 시선이 느껴진다. 원형적 가치가 현실에서 얼마나 효용적이든지 간에 정신적 이상이 빈곤하고 고갈된 시대에 꽃 한 송이 속의 향기를 맡는 듯하다.

     물려받은 옥토에 잡초가 무성하다
     다 들여다 볼 수 없는 고랑 구석구석
     갈아엎고 돌 고르며 애써도
     야성이 강한 것들만 속수무책으로 영근다

     깃털보다 가벼운 의지는 무정과로 떨어지고
     묻지 않아도 솟구치는 수치와 의문만 남아
     밤마다 고개 들어 푸른 별만 우러른다

허공에 걸린 십자가는 밤에도 뜻이 선명한데
옥토는 일월(日月)에도 날로 거칠어
참회록에 줄줄이 열거된 죄상처럼
어둠만 몰려와 채곡히 쌓인다

허욕, 집착, 갈등, 분노, 미움, 사랑…
흙 속에서 검은 벌레들이 우글거린다
백로는 훌쩍 날아가고 까마귀만 서성인다

뽐을 내도 연유 모르게 시린 바람 밭
난무한 싸움에서 지고 가만히 빌어본다
아버지시여! 쓴 뿌리는 모두 제거되고
부디 마음 밭에 사랑만 남겨 주소서.
― 「사랑만 남게 하소서」 전문

    시월의 정신세계는 관습적 형태로 획일화 되어 있지 않다. 그의 신앙적인 자각은 구태의연하거나 퇴형적인 삶의 형태를 수용하지 않는다. 신이 물려준 옥토에 애써도 야성의 강한 것들이 속수무책으로 일어나지만 그의 시선은 항상 인류애의 지향으로 십자가 높이 뜬 첨탑 위 하늘을 바라본다. 그의 시에는 자기를 살해하는 자들을 저주하지 않고 그 허물과 죄상을 고발하지 않고 오히려 대속으로 용서한 메시야를 궁극적 이상으로 삼고 구현하고자 하는 종교적 심성이 그 내면을 장악하고 있다. 발등에 눈물 떨구며 붉은 개양귀비꽃을 바라보며 그리스도를 생각하고 오직 자기 안에 거룩한 사랑만 남아 메시야의 인류애가 실현되기를 열망하는 심성이다.
    시월의 시는 성찰을 모르는 이의 사치와 호사의 산물이 아니다.

탐미의식이나 외향적 상승만을 목적으로 하는 내용도 아니다. 여러 편의 시에 망제(望帝)의 넋이라고 부르는 소쩍새가 나오나 결코 한(恨)을 풀어낸 시도 아니다. 능란한 기교와 관념이 겉돌지 않고 작품의 깊이도 미흡하지 않은 시월의 시엔 고결한 숙명적 인간애가 뿌리내리고 있다.

이 시대는 재능이나 지도력을 가진 사람이 필요하나 인간애를 가진 사람이 절실히 요구된다.

민족주의는 한 종족이나 집단만의 이익이나 발전만을 추구하여 진선미의 가치나 민족애나 자기애에 매몰되기 쉽다. 그래서 평화를 깰 위험을 가지고 있다. 그러나 인류애란 이런 종족적이며 계파적이며 소극적인 가치를 벗어나 인간 그 자체의 본질과 존엄을 지양하기 때문에 건강한 사회구현에 이상적인 가치개념이라고 볼 수 있다. 이러한 개념이 화폭에 담겨지면 명화가 되고 글 속에 투영되면 수작이 되며 거기에 예술성과 문학적 우수성이 가미되면 감동적인 시 천작시가 된다. 시월의 시는 이런 가치와 우수성을 지향하여 점점 안정화 되고 있다. 풀 한 포기 속에서도 대경전으로 통하는 길을 발견하고 바람 속 풀 한 포기 속에서도 어려움을 반복해서 이겨내야 살아낼 수 있는 고달픈 사람들의 애환을 읽어내는 그의 시력이나 선천적 심성은 금전으로 매입할 수 없는 부러운 자산이다. 해망동 사람들, 문권사 사랑 이야기, 귓구멍이 슬프다, 당신밖에 돌아갈 집이 없어, 염원 등의 시편을 보면 타자 본위의 아가페 정신으로 체질화 된 인간애와 소명적 고통이 짙게 배어 있다. 자조적일 수밖에 없는 현실에서 자기 연민의식에 빠지지 않고 고단한 삶의 내면적 갈등과 고통을 타자적 사랑으로 승화시켜

나오는 시월의 정신세계가 시편들에 녹아들어 있다.

　시의 가치는 울림의 대소로 결정된다. 그 울림은 서정적 공감으로 확대되며 작가의 정신적 탈속이 있을 때 확대된다. 그리고 철학적이며 우주적인 세계관이 녹아들어갈 때 품격이 상승된다. 만해의 명편 "알 수 없어요" "님의 침묵" 등이 많은 독자들에게 사랑받고 높이 평가되고 있음도 그 속에 그의 종교적 세계관과 우주적 성찰의 구도가 들어 있기 때문이다.
　시월의 시 "만월" "구름 위에 지은 집" "내 속에 바다가 있다" 등의 작품에 베어 있는 시월의 서정적 숨결에 그의 철학적 종교적 세계관이 엿보인다. 우주적 명상이 자연스럽고 종교적 이상이나 염원이 시혼으로 살아 있다. 우주를 보며 절대자를 앙망하고 자연을 투시하며 인간을 성찰하며 이상세계와 궁극적 구원을 지향하고 있다. 인성의 조율과 관념의 승화가 있는 시들이 절대자에 대한 경외와 타자 본위의 소명적 애정으로 들어차 있다.

　　　　꽃들이 입을 닫는 순간까지 당신을 기다립니다
　　　　한 번도 남에게 돌 던진 적이 없는 나는
　　　　세상에 당신의 이름밖에 모릅니다

　　　　얼마나 더 검은 하늘을 바라봐야 될까요
　　　　이슬에 젖어 울고 웃으며
　　　　바람에 흔들리고 뒤집혀 온 삶입니다
　　　　이를 앙 물고 참고 견디며
　　　　사랑하고 기다린 일밖에 기억이 없습니다

풀벌레 소리 저녁 바람에 묻어오는 저녁
오늘도 미루나무 끝에 뜬 별 하나 바라보며
유동할 기미가 없는 당신을 하염없이 기다립니다

벼랑 끝에 늘어진 넝쿨 하나 부여잡고
얼마나 더 많은 어려움을 겪어야
당신을 만날 수 있을까요
얼마나 더 지치고 애절해야 될까요

당신밖에 돌아갈 집이 없어
당신으로밖에 채울 수 없어
아직도 남은 목숨 붙들고 당신을 기다립니다.
　　　　　 ―「당신밖에 돌아갈 집이 없어」 전문

　지성과 인간애 그리고 구도적 신앙이 우러나오는 시월의 시는 대부분 회화적이다. 읽으면서 상이 떠오르고 상이 떠오르면서 경험했던 과거나 현실 세계로 독자를 끌고 간다. 물론 나스카라인의 거대한 그림처럼 진지하며 접근할 수 없는 작품도 있지만 그것대로 모두가 독단적 추상이나 감정에 치우치지 않고 논리적 기법이나 문학적 표현에 안정을 이루고 있다.
　선천적 기질에 왕성한 그의 활동은 항상 선명한 주제를 갖고 스토리를 이룬다. 일상적인 것에서 날카로운 시선으로 주제를 포착하여 감각적이고 리듬감 있게 써내려간 시월의 시는 흡인력이 있어 이 시집의 제목처럼 다 읽고 난 후에도 뭔가 더 남은 시나 편지가 있을 것 같은 기대를 갖게 한다.
　기대 이상으로 시가 양산되어 뭔가 혼란스럽고 불안정한 시단의 염려 속에서 고급한 시를 생산하여 잔잔한 파동으로 흘러가는 시월의 시가 시의 기본 개념을 바로잡고 시인들의 의욕을 북돋우는데 일조하리라 믿는다.

  시의 알갱이가 홍시처럼 익어가는 시월의 작품들을 보며 긴 여운으로 그와 함께 성취의 기쁨을 맛보고 싶다. 날마다 행복을 뜨개질하는 그의 아내 곁에서 시월을 좋아하는 많은 이들에게 더 좋은 시, 많은 시를 남겨주기를 기도한다.

최영호 시집
다 읽어도 남은 편지

발 행 일	2016년 1월 30일
지 은 이	최영호
발 행 인	李憲錫
발 행 처	오늘의문학사
출판등록	제55호(1993년 6월 23일)
주 소	대전광역시 동구 대전로 867번길 52(한밭오피스텔 401호)
전화번호	(042)624-2980
팩시밀리	(042)628-2983
홈페이지	http://www.lito77.co.kr(홈페이지)
전자우편	hs2980@hanmail.net

공 급 처	한국출판협동조합
주문전화	(070)7119-1752
팩시밀리	(031)944-8234~6

ISBN 978-89-5669-734-5
값 12,000원

ⓒ최영호, 2016

* 이 책은 교보문고에서 E-Book(전자책)으로 제작·판매합니다.
* 잘못 제작된 책은 바꾸어 드립니다.